KB059868

시간과 타자

시간과 타자

에마뉘엘 레비나스

강영안 · 강지하 옮김

문예출판사

초판 옮긴이의 말에서 언급한 것과 달리, 레비나스는 더 이상 우리에게 낯선 철학자가 아니다. 1980년대 후반까지는 대부분의 철학자가 그의 존재조차 잘 알지 못했지만, 지금은 타자나 주체성을 논의할 때나 환대, 홀로코스트 이후의 유대철학과 같은 주제를 거론할 때 레비나스를 언급하지 않는 학자가 거의 없을 정도다. 《시간과 타자》가 처음 번역됐을 때 이 책은 한국어로 번역된 유일한 레비나스의 저작이었지만, 그 이후로 그의 주요 저작 여러 권이 번역되어 국내에 소개되었고, 레비나스 연구로 국내외에서 박사학위를 받은 많은 학자의 작업을 통해 그 사상의 다양한 면모가 소개됐다. 이를 통해 레비나스의 독창적 작업이 이전 학자들(특히 칸트, 헤겔, 후설, 하이데거)에 대한 비판적 독해와 동시대의 동료들(특히 블랑쇼, 메를로퐁티, 데리다)과 나눈 대화 혹은 열띤 교섭 과정을 통해 형성됐다는 점이 밝혀졌다. 뿐만 아니라, 전체주의 사상이나 주체에 특권을 부여하는 철학에 대항하며 그 대안으로 레비나스가 제시한 탈중심화된 주체, 경험의 구체성과 신체성, 상호 주관적 해석학 등은 우리가 살고 있는 현대의 사회·정치적 구조와 관념을 이해, 비판하고, 다시 구축하는 데 중요한 원천이 되고 있다.

　　레비나스의 저작 목록에서 《시간과 타자》는 독특한 위치를 차지한다. 예컨대 1947년에 발표된 《존재에서 존재자로 *De l'existence à l'existant*》는 제2차 세계대전 중 수용소에서 틈틈이 작성한 메모를 기반으로 쓰인 저작이고, 그에게 철학자로서 명성을 안겨준 《전체성과 무한 *Totalité et Infini*》(1961)은 국가 박사학위 심사를 위해 제출한 논문인 반면, 《시간과 타자》는 당시 마흔두 살의 레비나스가 대학 바깥에 세워진 대안적 학문 공동체 '철학학교 Collège philosophique'에 청중들과 얼굴을 마주 보고 진행한 네 차례의 강의록을 엮은 책이다. 때문에 이 책은 격식을 갖춘 문어체로 치밀한 논리 전개를 진행하기보다는, 강의실에 앉아 있는 사람들과 직접 대화와 생각을 나누는 과정을 통해 발전시킨 내용을 담고 있다. 이 강의는 나이, 성별, 형편이나 상황은 각각 다르지만 같은 시대(2차 세계대전 직후인 1947년)와 같은 장소(프랑스 파리)에서 비슷한 경험(자신의 아이나 부모, 친구, 동료 등을 전쟁 중에 잃은)을 한 사람들이 함께 앉아 서로의 눈을 바라보며 인간 존재의 의미를 고민하는 계기였고, 이 책은 그 공간과 시간의 독특한 체험을 생생하게 기록한 것이다.

　　이 책의 한국어 번역이 처음 나온 지도 거의 30년이 됐다. 레비나스 자신도 1979년에 쓴 이 책 서문에서 걱정하듯, 어느 정도 대화의 성격을 갖는 이 텍스트는 격식을 갖춘 다른 글에 비해 시간의 흐름과 맥락의 변화로 빛이 바래기 더 쉬운 듯하다. 이번 개정판 번역은 이런 점을 염두에 두고 진행했다. 실제 강의실에서 오고 간 말의 느낌을 살리기 위해 모든 문장을 구어체로 바꾸었고, 레비나스 연구가 성숙한 현재 상황을 고려해 초판에 붙인 참고 문헌은 삭제했다. 레비나스 철학 전반을 소개한 초판 해설은 《시간과 타자》를 이해하는 데 직접적인 도움이 될 해설로 바꾸었다. 오랜 세월 《시간과 타자》를 애독해주신 독자들께 감사드린다.

강영안, 강지하

'인간 주체를 어떻게 규정할 것인가'는 현대철학의 쟁점 가운데 가장 첨예한 문제로 등장했다. 현대철학은, 주로 프랑스 철학자들을 중심으로 '주체의 죽음'을 선언하기에 이르렀다. 절대화된 주체, 이성적 주체, 세계의 의미 부여자로서의 주체는 더 이상 유지될 수 없다는 것이다. 미셸 푸코, 자크 라캉, 자크 데리다 등은 근대철학, 특히 그 가운데서 독일 관념론 전통을 통해 강조된 주체를 해체하거나 탈중심화한다. 따라서 주체와 관련된 철학에서 강조하던 명증성의 문제, 지각의 문제, 의식의 문제 등이 권력의 문제, 욕망의 문제, 텍스트의 문제로 대치된다. 이와 같은 경향에는, 한편으로는 현상학과 실존철학, 다른 한편으로는 철학의 과학성을 지나치게 신뢰하던 실증주의적, 분석철학적 경향에 대한 비판이 함축되어 있다고 할 수 있다. 하지만 그 바탕에는 서양철학과 문화에 대한 근본적인 반성이 깔려 있다.

주체의 해체와 탈중심화는 서양철학에 깔려 있던 자아 중심적 사고를 노출하는 일과 서양철학이 금과옥조로 여기던 이론 이성의 우상을 파괴하는 일에 크게 기여했다고 볼 수 있다. 하지만 문제는 '해체 후, 무엇이 올 것인가'이다. 만일 절대화된 주체가 죽었다면(또는 죽여야 한다면), 그 이후 인간의 삶은 어떤 모습을 할 것인가. 포스트구조주의자들과 포스트모던 철학자들 그리고 리처드 로티와 같은 신실용주의 철학자들은 과도한 이성적 철학에서 한 걸음 뒤로 물러선 좀 더 회의적이고 냉소적인 철학을 요청하고 있다. 하지만 철학적 사유는 여기서 멈출 수 없다는 데 문제가 있다. 큰 이성이 아닌 작은 이성, 거대 담론이 아니라 작은 담론을 진행하면서도 인간의 삶을 다시 새롭게 구축할 가능성에 대한 모색을 요청받고 있다.

　　이와 같은 상황에서 에마뉘엘 레비나스의 철학은 포스트모더니즘 이후의 철학으로 우리에게 많은 것을 가르쳐줄 수 있다. 레비나스는 무엇보다도 서양의 자아 중심적 철학에 신랄한 비판을 가했다. 그는 서양철학이 '다른 이(타인, 타자)'에 대해 거의 체질적으로 거부 현상을 보이는 철학으로 '다른 이'와 '다른 것'을 나(자아)로 환원하거나 동화하고자 했다고 보았다. 이것은 결국 나의 개념적 인식이나 실천적 행동을 통해 '다른 이'와 '다른 것'을 지배하는 전쟁의 철학, 전제주의의 철학을 낳게 했다는 것이 그의 생각이다. 그러므로 레비나스는 서양의 자아 중심적 철학에 대립해서 다른 이의 존재를 존경하고 다른 이와 함께하는 '타자성의 철학' 또는 '평화의 철학'을 하나의 대안으로 제안한다. 여기에는 전통철학이 무시한 여러 주제, 예컨대 쾌락과 신체성, 노동과 거주, 여자와 아이의 존재, 고통의 문제들이 중요하게 다뤄진다. 레비나스는 주체성을 '환대 l'hospitalité' 또는 '타인을 대신한 삶 la substitution' 등으로 정의한다. 인간의 삶은 자신의 고유한 세계를 가지면서도 이 세계는 타인과의 관계를 통해 특히 타인의 고통에 대한 연대와 책임을 통해 이루어진다고 레비나스는 강조했다.

그런데 레비나스는 프랑스 철학자 중에서도 한국에 가장 알려지지 않은 철학자다. 이미 30년이 넘는 레비나스 연구의 전통을 가진 벨기에와 네덜란드는 말할 것도 없고, 최근 독일과 미국에서도 레비나스 연구는 눈에 띄게 활발해지고 있으며 레비나스에 관한 연구 목록만 하더라도 222쪽이 넘는 단행본으로 나와 있을 정도다. 거기에 비하면 국내에는 손봉호 교수(서울대)의 논문 한 편, 김형효 교수(정신문화연구원)의 몇몇 논의, 필자의 논문 몇 편과 홍성하 교수(우석대)의 논문 한 편 이외에는 레비나스 연구가 거의 없는 실정이다.

레비나스는 1906년 리투아니아에서 출생한 유대계 철학자로 현대 프랑스 철학자 중에서도 가장 독창적인 철학자로 알려져 있다. 일찍부터 프랑스 철학계에 현상학을 소개했으며 초기에는 주로 후설과 하이데거의 현상학 연구와 소개로 명성을 얻었다. 사르트르도 레비나스의 박사학위 논문과 《데카르트적 성찰》 번역을 통해 후설을 알게 되었을 정도였다. 2차 세계대전 당시에는 독일군 포로수용소 생활을 했으며 그곳에서 《존재에서 존재자로》라는 책

을 집필했다. 레비나스의 저서는 25권 정도에 달하며, 대표적인 저
서는《전체성과 무한》으로 이 책을 통해 그는 일약 세계적인 명성
을 얻었다. 그 후《존재와 달리 또는 존재성을 넘어 *Autrement qu'être ou au-
delà de l'essence*》를 발표했다. 벨기에 루뱅대학교와 네덜란드 레이든대
학교 등에서 명예박사학위를 받았고, 소르본대학(파리 4대학) 교수
활동을 마지막으로 은퇴했다. 89세의 나이로 1995년 12월 25일
사망했다.

　　레비나스에 관한 연구는 로저 부르그라브Roger Burggraeve의 〈엠
마누엘 레비나스: 일차 문헌과 이차 문헌〉(Leuven: Peeters, 1990,
222쪽)에 따르면 1989년 현재 모두 2,119건에 달한다. 프랑스에
서 레비나스는 2차 세계대전이 끝난 뒤부터 주목받기 시작했다. 레
비나스에게 최초로 관심을 보인 철학자는 그의 절친한 친구 중 한
사람이었던 조르주 바타유였다. 바타유는 1948년 〈실존주의에서
경제학의 우위성으로〉라는 논문을 통해 레비나스 철학을 처음으로
논의했다. 자크 데리다도 일찍부터 레비나스 철학에 관심을 보였
다. 1964년 〈폭력과 형이상학〉이라는 장문의 연구 논문을 발표한
그는 누구보다도 레비나스 사상의 독창성과 의의를 일찍 인정한 철
학자였다. 1980년에 리오타르도 〈레비나스의 논리〉라는 글을 발표
했다.

　　영어권에서도 레비나스 철학에 상당한 관심을 보여왔으며
최근까지 주요 저서 대부분이 모두 번역되었다. 미국에서만 레비나
스에 관한 박사학위 논문이 수십 편에 이르며 그중 뛰어난 연구로

는 예일대학교에서 학위를 받은 리드Charles William Reed의 〈레비나스 철학에서 방법의 문제〉(1983)와 위스콘신 출신의 월시Robert Dennis Walsh의 〈에마뉘엘 레비나스의 윤리적 철학에서의 책임의 우위성〉 (1989) 등이 있다. 그 외 주요 저널에 레비나스에 관한 연구 논문이 상당수 실렸다.

하지만 레비나스 연구에서 독보적인 위치를 차지하고 있는 곳은 벨기에와 네덜란드다. 루돌프 뵘Rudolf Boehm의 《하이데거에 대한 레비나스의 비판》(1963), 돈데인Albert Dondeyne의 《레비나스 사상 입문》을 비롯해서 아드 페이페작Ad Peperzak의 《사람의 얼굴》(1969), 테오 더부르Theo de Boer의 《철학과 예언 사이》(1976), 스테판 스트라서Stephan Strasser의 《존재와 시간 저편에》(1978), 블레이옌달H. L. K. Bleijendaal의 《하이데거와 레비나스의 시간관》(1984), 부르그라브의 《인간과 동료 인간, 책임과 신: 레비나스의 형이상학적 윤리학》 (1986), 파비오 키아라멜리Fabio Ciaramelli의 《초월과 윤리》(1989)를 위시하여 단행본으로 된 연구가 많이 나왔다. 레비나스 연구에서 뒤떨어져 있던 독일에서도 최근에는 박사학위 논문이 수십 편 나왔고 레비나스의 저서가 거의 다 번역되어 있을 정도다.

철학 방법론으로서 현상학이 지닌 풍요로움과 한계를 동시에 이해하고 평가하기 위해서도 레비나스 연구는 필수적이다. 레비나스는 한때 "현상학을 통해 현상학을 극복한다"라는 말을 한 적이 있다. 그의 철학은 후설과 하이데거를 통해 형성되었지만 그들의 세계관과 삶에 대한 이해를 그대로 따르지 않는다. 그러므로 후설과 하이데거, 레비나스가 즐겨 쓰는 현상학적 용어들(예컨대 지향성, 시간, 존재, 초월, 신체성, 언어)을 잘 분석해보면 다 같이 현상학 전통에 서 있으면서 전혀 다른 방식으로 철학하고 있음을 알 수 있다.

레비나스는 누구보다도 인간의 고통과 구체적인 삶에 관심을 가진 철학자이며 고통받는 자에 대한 책임과 연대를 매우 강조했다. 하지만 그의 위대성은 책임과 연대에 대한 호소 자체보다는 그것을 철학적으로 논의하고, 인간의 삶을 매우 구체적이고 실천적으로 그려주었다는 사실에 있다. 레비나스 철학은 인간을 절대화하지도 않고 그렇다고 해서 인간을 마치 자연과학의 한 대상으로 환원하지도 않으면서 인간의 위치를 제대로 평가하고 동시에 이웃과 타인에 대한 책임과 연대를 강조하는 철학이므로 오늘날과 같은 기술공학 시대에 진정으로 요구되는 철학적 사유라고 하겠다.

이 역서의 대본으로는 1979년 출간된 프랑스어판을 원본으로 삼았고 독일어와 네덜란드어 번역을 참고했다. 1994년 봄학기에 서강대 철학과에서 서양철학 원전 강독 교재로 이 책을 쓴 것이 번역의 계기가 되었다. 강의 중에는 프랑스어 텍스트를 읽고 자세한 해설을 붙여나갔다. 15~16명이 참여한 강의였지만 매우 열기 있었던 시간으로 기억한다. 현재 파리에서 대학원 공부를 하고 있는 최영주, 지금도 서강대에 남아 있는 이형철과 이충민 등이 이 책이 번역되어 나오기까지 기여한 바가 크다. 이 책을 번역하면서 독창적인 사상을 담고 있는 텍스트 번역이 얼마나 힘든지를 또 한 번

뼈저리게 실감했다. 어떤 경우에는 하루에 두 페이지를 넘기지 못할 때도 많았지만 지난여름 가평의 어느 수련원에서 마침내 번역을 마칠 수 있었다. 원고가 출판사에 넘어간 뒤, 교정을 보는 단계에서 역자주를 붙이게 되어 책의 출판이 조금 지연되었다. 레비나스의 원주는 원래 넷밖에 되지 않으나 읽는 이들의 이해를 돕기 위해서 옮긴이 주를 약간 붙였다. 이런 작업이 레비나스의 철학을 처음 접하는 국내의 독자들에게 조금이라도 도움이 되기를 바란다.

책이 나오기까지 많은 조언을 해준 서강대 영문과 김욱동 교수, 곁에서 늘 심부름하느라고 고생한 서동욱 군 그리고 이 책을 내느라 수고한 문예출판사 편집부 여러분에게 모두 감사드린다. 레비나스의 책으로는 우리나라에 처음 소개되는 이 책을 통해, 독자들이 난해하지만 매우 독창적이고 감동적인 그의 철학 세계를 맛볼 수 있는 계기가 되기를 바라는 마음 간절하다.

1996년
벨기에 루뱅에서
강영안

차례

30년 전에 출판한 글을 다시 발간하면서 서문을 쓴다는 것은 다른 사람이 쓴 책에 서문을 붙이는 것과 비슷합니다. 책의 부족함을 더 빨리 알아보고 그것을 더욱 곤혹스럽게 느낀다는 점이 다를 뿐입니다.

여러분이 읽게 될 텍스트는 장 발Jean Wahl이 카르티에 라탱**에 세운 '철학학교'가 시작한 첫해였던 1946~1947년에 '시간과 타자 *Le Temps et l'Autre*'라는 제목으로 진행된 네 차례의 강연을 속기로 정리한 것입니다. 이 텍스트는 '철학학교' 총서 가운데 제1집(1948년)으로 나온 《선택, 세계, 실존 *Le Choix, le Monde, l'Existence*》에서 처음으로 빛을 보았는데 기쁘게도 잔 허시 Jeanne Hersch, 알퐁스 드발

---

*　　1948년 발간 이후 30년 만인 1979년에 다시 출판하면서 레비나스가 쓴 서문이다.

**　　'라탱 지구'라고도 불리는 이 지역은 파리 제5구와 제6구에 걸쳐 있다. 소르본대학교, 파리 고등 사범학교(ENS), 콜레주 드 프랑스 등이 이 지역에 모여 있다.

른스Alphonse de Waelhens, 장 발의 글과 나란히 실릴 수 있었습니다. 이 글은 구어체로(또는 문체가 없이) 되어 있기 때문에 갑자기 화제가 바뀌거나 어색한 부분이 많이 있을 수 있습니다. 그 외에도 전후 맥락을 충분히 제시하지 못한 논제들, 끝까지 탐색해보지 못한 실마리들, 좀 더 체계적으로 전개하지 못한 생각들이 이 글 속에 들어 있습니다. 1948년의 서문에서도 이미 지적했던 이러한 결함은, 아마도 텍스트의 노화 때문에 〔이번에〕 더욱 두드러지리라 생각합니다.

그럼에도 이 글을 다시 책으로 출판하자는 제안을 받아들인 이유는, 또 그렇게 하면서도 텍스트를 새롭게 고쳐 쓰는 일을 포기한 까닭은, 제가 여전히 이 책의 주요 기획을 지지하고 있고 사상의 다양한 흐름 가운데서도 이러한 기획의 발생과 최초의 표현이 여기에 담겨 있기 때문입니다. 또한 이처럼 서둘러 쓴 글의 경우, 페이지가 나아갈수록 설명의 윤곽이 더욱 분명해지기도 합니다. 시간은 유한한 존재의 한계 그 자체일까요 아니면 유한한 존재가 신과 맺는 관계일까요? 유한성과 반대되는 무한이나 욕구에 반대되는 자기충족을 존재자에게 보증해주지는 못하지만 〔시간은〕 만족과 불만족을 넘어선, 덤으로 주어진 사회적 관계를 뜻합니다. 시간에 대해서 이러한 방식으로 검토해보는 것은 오늘날에도 여전히 살아 있는 문제로 보입니다. 《시간과 타자》는 시간을 **존재자의 존재** l'être de l'étant라는 존재론적 지평이 아니라 **존재 저편** l'au-delà de l'être 의 방식으로, 다시 말해 타자에 대한 '사유'의 관계로 예감합니다. 시간은, 예컨대 에로티시즘*, 아버지의 존재, 이웃에 대한 책임처럼, 타인의 얼굴 앞에서 사회성의 여러 형식으로 경험할 수 있는 관계요, 전적으로 다른 이Tout Autre, 초월자, 무한자와 가질 수 있는 관계입니다. 〔이러한 관계는〕 앎, 곧 지향성으로 구조화되지 않은 관계 또는 종교입니다. 지향성은 표상, 즉 다시 현재화하는 행위를 내포하기에 **타자를** 현존으로, 현존에 함께 귀속한 자로 환원시키고 맙니다. 하지만 시간은 이와는 정반대로 통시성通時性, dia-chronie 가운데서, 타자의 타자성을 해치지 않으면서 오히려 '사유'에 무관심하지 않은 관계를 의미할 것입니다.

유한한 존재자의 〔존재〕 양태로서의 시간은 결국 **존재자의 존재를** 서로 배타적인 각각의 순간들moments, 안정되지 않고 자신에게조차 충실하지 않은 순간들instants로 분산시킴을 의미합니다. 각각의 순간은 자기 고유의 현존에서 벗어나 스스로를 과거로 밀어냅니다. 그렇지만 동시에 〔각각의 순간은〕 현존에 대한 번쩍이는 이념을 제공하며 무의미와 의미, 죽음과 삶을 암시하기도 합니다. 하지만 지성이 지속의 체험에서 무언가를 빌려오지 않고 영원성의 이념, 곧 다多가 일一이 되고, 현재에 완전한 의미를 부여하는 **존재 방식**mode d'être을 선험적으로 가지고 있다고 자처한 결과, 영원성이 시간을 초월할 수 있으리라는 상상에 빠진 채, 어느 한순간의 섬광일 뿐이며 반쪽 진실에 불과한 것을 감추고 있다는 혐의를, 결코 회집會集 불가

---

*   에로스에 대한 레비나스의 이해는 4강과 옮긴이 해제 참조.

능한 것을 모을 수 있다는 자기기만에 빠져 있다는 혐의를 받아오지 않았습니까? 이러한 영원성과 지성적 신은 결국에는 이처럼 추상적이고 불안정한, 시간적 분산의 반쪽-순간들로 구성된 추상적 영원성이나 죽은 신이 되지 않을까요?

　　이와는 반대로 《시간과 타자》에서 간략하게나마 제시하고자 한 주요 논제는 시간에 대한 아래와 같은 사유로 구성됩니다. 시간을 영원성의 강등으로 생각하는 것이 아니라, 그 자체로 동화될 수 없는 것, 절대적으로 타자적인 것l'absolument autre, 경험에 의해 동화되기를 허용하지 않는 것, 또는 그 자체로 무한한 것, [개념적으로] 이해되기를 거부하는 것, 바로 그것과의 관계로 생각하는 것입니다. 그런데 [우리가] 이 '무한자' 또는 이 '타자'를 마치 [손가락으로] 하나의 단순한 사물을 가리키듯이 지시대명사 이 또는 그로 가리키거나 구체적인 형태를 갖도록 하기 위해 정관사나 부정관사를 붙이는 것을 용인하는 이유는 이 관계가 보이지 않는 것과의 관계이기 때문입니다. 여기에서 비가시성은 인간 인식 능력의 부족에서 비롯된 것이 아니라, [인간의] 인식이 절대적으로 타자적인 것의 무한성과 잘 어울리지 않기 때문에 생겨난 것입니다. 곧 인간 인식의 부적합성 때문에, 그리고 일치, 즉 동시 발생coïncidence의 사건이 여기서 가질 수 있는 부조리 때문에 생긴 것입니다. 일치의 불가능성과 부적합성은 단순히 부정적 개념이 아니라 시간의 통시성 안에 주어진 불일치의 현상 가운데서 의미를 갖는 개념입니다. 시간은 이 불일치가 언제나 있음을, 또한 갈증과 기다림의 관계가 언제나 있음을 뜻합니다. 이 관계는 관념적인 실絲보다 더 가느다란 실, 통시성에 의해 끊어지지 않는 실입니다. 통시성은 이 실을 관계의 역설 가운데서 보존합니다. 그런데 이 관계는 최종적 공동체라는 방법으로 각 관계항에 최소한의 공시성synchronie을 제공하는 여타의 관계들, [예컨대] 우리의 논리학이나 심리학적 관계와는 전혀 다릅니다. 관계항이 없는 관계, 기대되는 것이 없는 기대, 해갈할 수 없는 갈증이 여기에 있습니다. 거리가 있으면서 동시에 가까운, 하지만 어떤 어긋난 연합이나 일치가 아니라 (앞에서도 말했듯이) 전적으로 덤으로 주어진 것 또는 전적으로 근원적 사회성의 **선善**을 뜻하는 것입니다. 통시성이 공시성보다 **더 많은** 것을 [의미하고], 가까움이 주어진 사실보다 **더 소중하며**, 동등할 수 없는 것에 대한 충성이 자기의식보다 **더 낫다**는 점이 바로 종교의 난점인 동시에 숭고함이지 않겠습니까? '거리-가까움'에 대한 이러한 묘사는 모두 일종의 근사치나 은유에 불과합니다. 왜냐하면 시간의 통시성은 비유적인 것이 아니라 시간의 고유한 의미이며 모델이 되기 때문입니다.*

---

*   (원주) '무한자에 대한 관계'를 묘사하는 가운데 등장하는 모든 부정은 단순히 형식적이고 논리적인 부정에 제한되지 않는다. 하지만 그렇다고 해서 이러한 부정이 부정신학否定神學을 구성하는 것은 아니다. 이것은 하나의 논리적 언어(우리의 언어)는 말을 주고받음을 통해서 통시성을 표현할 수 있으며, 통시성은 기다림의 인내 가운데 자신을 드러낸다는 사실을 말해준다. 기다림의 인내는 기대로 환원될 수 없는 시간의 진정한 길이다(기대는 이미 '현재로 만드는' 방식이다). 그런데 기다림에는 기다려지는 것, 욕망되는 것에 대한 표상이 담겨 있지 않다(이러한 표상은 이미 순수한 '현재화'일 것이다). 기다려지는 것, 욕망되는 것은 이미 마지막 목표가 될 것이다. [만일 그렇게 되

'전적 타자'의 무한을 향한 초월로 이해되는 시간의 '움직임'은 직선적 방식으로 시간화하지 않으며 지향적 광선의 직진성을 닮지도 않습니다. 죽음의 신비로 특징지어지는 시간의 의미화 방식은 다른 사람과의 관계라는 윤리적 모험 안에 들어옴으로써 하나의 우회로를 만들어냅니다.*

1948년에 쓰인 이 글에서는 시간의 초월에 관해서 간단하게 묘사했을 뿐이고 그것도 기껏해야 예비적인 것에 지나지 않았습니다.** 여기서 지침이 되었던 것은 통시성을 의미하는 초월과 타인의 타자성에 개입된 거리 사이에 존재하는 유사성이었으며 또한 이러한 초월의 사이 공간을 가로지르는 (각 관계항의 연결과는 비교할 수 없는) 연결에 대한 강조였습니다.

이러한 생각을 표현하기 위해서 이 책이 따랐던 여정에 수정을 가하고 싶지 않습니다. 이것은 '해방' 직후 몽타뉴 생트-주느비에브 Montagne Sainte-Geneviève***가 제공한 다시 시작하는 분위기를 증

면] 기다림과 갈망은 목적성이지 무한자와의 관계가 아닐 것이다.

* (원주) 내가 쓴 《존재와 달리 또는 존재성을 넘어》(1974) 참조. 그리고 특히 《누보 코메르스 Nouveau Commerce》 30/31호에 실린 〈신과 철학 Dieu et la philosophie〉 참조. (옮긴이 주): 〈신과 철학〉은 《이념에 오시는 하나님에 관해서 De Dieu qui vient à l'idée》 (Paris: Vrin, 1982), 93~157쪽에 실려 있다.

** 좀 더 자세한 논의는 《전체성과 무한》 제2부 참조.

*** 카르티에 라탱의 중심부, 즉 장 발의 '철학학교'를 일컫는다. '해방'은 2차 세계대전이 끝날 무렵인 1944년 8월 25일 샤를 드골이 이끄는 레지스탕스, 자유 프랑스군, 연합

언해주는 것으로 보입니다. 장 발의 철학학교는 이러한 분위기를 잘 반영했을 뿐 아니라 그것을 만들어낸 중심지 가운데 하나였습니다. 철학학교의 강의실을 꽉 채운 청중들에게 베르그송적인 메시지의 **전례 없는 새로움**에 관해서 열변을 토하며, 곧 말로 표현할 수 없는 것을 말로 공식화했던 블라디미르 장켈레비치Vladimir Jankélévitch의 강렬하고 감동적인 목소리는 아무도 흉내 낼 수 없는 것이었습니다. 장 발은 '살아 있는 철학' 내의 다양한 경향을 환영하면서 철학과 다양한 예술 양식 사이의 특별한 친족 관계를 강조했습니다. 그는 하나에서 또 다른 것으로 넘나들기를 좋아했습니다. 그의 태도는 과감한 **'지적 실험'**으로, 위험한 탐험으로 사람들을 초대하는 듯 보였습니다. 후설의 현상학, 사르트르와 메를로퐁티가 도입한 실존철학, 하이데거의 기초존재론에 대한 소개는 그 당시 새로운 철학의 가능성을 약속해주었습니다. 감히 사변적 담론으로 상상해보려고 하지 않았지만 언제나 사람들의 관심사였던 문제들을 가리키는 단어들이 범주의 위치에까지 오르게 된 것입니다. 사람들은 이제 단도직입적으로, 남의 눈치를 보지 않고 말할 수 있었고 학문 세계에 대해서도 어느 정도 자유를 누릴 수 있었습니다. 사람들은 그 시대에 유행하는 말들의 횡포에 말려들지 않고도 그들의 생각을 '깊이 파보고', '검토해보고', '탐사해볼' 수 있었고 그것을 타인에게

군의 협력으로 프랑스 전역을 지배하고 있던 나치 독일군에게서 파리를 탈환한 사건을 말한다.

제안할 수 있었습니다. 마치 가브리엘 마르셀Gabriel Marcel이 자신의 《형이상학적 일기》에서 자주 지적한 것처럼 말입니다.

《시간과 타자》에 등장하는 여러 주제는 이 글이 쓰인 시기의 [다시] 시작하는 분위기[혹은 개방성]의 정신을 배경으로 읽을 수 있을 것입니다.* 나는 이러한 주제를 통로로 삼아(때로는 돌아가기도 했지만) 내가 하고자 하는 주요 주장을 다루었습니다. 주체성에 관해서는 다음과 같은 내용을 다루었습니다. 자아는 존재의 익명적 **있음**Il y a을 지배한다는 것, 자기Soi는 자아Moi로 곧장 되돌아온다는 것, 자아는 자기 자신에게 방해받는다는 것, 그리하여 유물론적인 물질성과 내재의 고독에 사로잡힌다는 것, 노동, 아픔, 고통 가운데서 벗어날 수 없는 존재의 짐을 짊어진다는 것 등입니다. 이어서 세계에 관해서는, 먹을거리와 지식을 통한 초월, 향유 가운데서의 경험, 자기 지식과 자기로의 복귀, 모든 **다른 것**을 자신 안으로 흡수하는 인식의 빛 안에서의 고독, 본질적으로 **하나**인 이성의 고독에 관해서 말했습니다. 죽음에 관해서는 [그것이] 순수한 없음無이 아니라 감당할 수 없는 신비라는 것을 언급했습니다. 그리고 바로 이 관점에서 [죽음은] 내재의 동일자le Même 속으로 파고들고, 고립되어 [홀로] 존재하는 각 순간들의 단조로움을 깨뜨리며 똑딱거리는 소리를 멈추는 사건이 일어날 수 있는 가능성이 된다는 것도 말했습

---

*   이 문단은 주체성, 세계, 죽음, 타인과의 관계를 중심으로 《시간과 타자》의 전체 내용
       을 요약해준다.

니다. 곧 〔죽음은〕 **전적으로 다른 것**, 미래, 시간의 시간성이 발생할 수 있는 가능성이 됩니다. 여기에서 통시성은 바로 절대적으로 바깥에 남아 있는 것과의 관계를 나타냅니다. 끝으로 타인, 여성적인 것, 아이, 자아의 생산성 _fécondité_, 통시성의 구체적 존재 양태, 시간 초월의 분절과 불가피한 탈선에 관해서는 동일자가 타자 속에 흡수되는 탈자성 _extase_이나 타자를 동일자로 귀속시키는 지식이 아니라, 관계없는 관계, 채울 수 없는 욕망 또는 무한자의 가까움임을 말했습니다. 이러한 논제들이 훗날 모두 원래 형태 그대로 다시 논의되지는 않았습니다. 왜냐하면 이 논제들이 더욱 복잡하고 더 오래된 문제들과 떼려야 뗄 수 없다는 사실과 좀 덜 즉흥적인 표현과 또 다른 사유를 요구한다는 사실이 뒤에 가서야 좀 더 분명하게 밝혀졌기 때문입니다.

오래전 강의의 마지막 부분과 관련해서 중요하게 생각되는 점에 관해서 두 가지를 말씀드리고 싶습니다. 타자성과 그것의 초월에 관해 현상학이 시도된 방식에 관한 것입니다.

인간의 타자성은 다수성 전체에서 어떤 관계항을 다른 것과 구별하는 순전히 형식적이고 논리적인 타자성을 출발점으로 사유될 수 없습니다. 여기〔다수성 전체〕에서 각각의 사람은 이미 〔서로〕다른 속성의 담지자로 혹은 같은 속성을 지녔더라도 개별화에 의해 서로 다른 존재, 타자의 타자가 됩니다. 초월적 타자성, 곧 시간을 열어주는 타자성의 개념은 무엇보다도 여성성에서 출발하는, **내용을 지닌 타자성** _altérité-contenu_을 통해 추구되었습니다. 여성성은 다른 모든 차이와 구별되는 차이입니다. 여성성은 다른 모든 성질과 구별되는 하나의 성질일 뿐만 아니라 제게는 차이의 성질, 다름의 성질 그 자체로 보였습니다. 〔따라서〕 어떤 의미에서 남성성이나 남성적인 것에 대해, 다시 말해 남녀의 일반적인 차이에 대해서 말할 수 있는지 알아봐야 했습니다. 이러한 관념은 단순히 수적으로 둘이라는 사실과는 구별되는 '한 쌍couple'의 개념을 가능하게 했습니다. '둘만의 사회성'의 개념은 (추상적이고 순전한 벌거벗음인) 얼굴의 현현이라는 예외적인 일에 아마도 필수적일 것입니다. 얼굴의 현현은 성적인 차이에서 벗어나 있지만, 성애érotisme나 타자성에 본질적인 요소이기도 합니다. 여기서 타자성이란 (다시 말하지만) 논리적 구별이 아니라 성질로서의 타자성이며, 얼굴의 침묵 자체가 말하는 '살인하지 말라'는 말을 통해서 지탱되는 타자성입니다. 그런 의미에서 성애와 리비도에는 상당한 윤리적 영향력이 있습니다. 성애와 리비도를 통해 인류는 '둘만의 사회성'에 들어가고 그것을 유지할 수 있기 때문입니다. 또 우리 시대 범汎에로티시즘의 터무니없는 단순성에 문제 제기라도 할 수 있기 때문입니다.

끝으로 《시간과 타자》에서 아버지의 존재를 통해서 살펴본 초월의 구조를 강조해두고자 합니다. 아들에게 주어진 가능성은 아버지가 떠맡을 수 있는 차원을 **넘어선** 자리에 있습니다. 그럼에도 어떤 의미에서는 여전히 그**(아버지)**의 것으로 남아 있습니다. 이것은 바로 친족 관계라는 의미에서 그렇습니다. 그의 것 또는 차이가 없지 않은 것non-indifférence은 타자를 받아들이고 책임질 수 있는 가능성입니다. 아들을 통해서 가능한 것 너머의 가능성이 열립니다! 친족 관계를 지배하는 사회적 규칙에서 비롯되지는 않더라도 아마 이러한 규칙의 기초가 되는 '차이가 없지 않음'을 통해서 자아는 가능성 너머로 넘어갈 수 있습니다. 이 모든 것은 자아의 생산성이라는 (비생물학적인) 개념에서부터 시작해서 지향적 행위의 중심이자 원천인 초월적 주체성 안에서 구체화되는 **능력, 힘**pouvoir의 관념 그 자체에 물음을 던집니다.*

---

* 레비나스는 여기서 후설의 현상학을 겨냥한다. 초월적 주체성의 능력과 권한을 벗어난 영역을 보여주는 것이 레비나스 철학의 중요한 과제 가운데 하나였다.

시간은 고립되고 홀로 있는 주체에게 있는 것이 아니라 주체와 타자의 관계 자체임을 보여주는 데 이 강의의 목적이 있습니다.

이 논제에는 사회학적인 것이 들어 있지 않습니다. 사회에서 빌려온 개념을 통해 시간이 어떻게 쪼개지고 다듬어지는지, 사회가 우리에게 어떤 방식으로 시간의 표상을 가능케 하는지를 말하려는 것이 아닙니다. 제가 다루고자 하는 문제는 시간에 대한 우리의 관념이 아니라 시간 자체입니다.

이 논제의 근거를 확보하려면 한편으로는 고독solitude의 개념을 깊이 이해해야 하고 다른 한편으로는 시간이 고독에 제공하는 기회를 살펴봐야 하겠습니다.

저는 인간학적 분석이 아니라 존재론적 분석을 시도하려고 합니다. 저는 실제로 존재론적 문제와 구조가 있다고 믿습니다. 존재론적인 것은 주어진 존재를 그저 순수하고 단순하게 설명하는 실재론자들이 존재론에 부여하는 의미와는 다릅니다. 존재는 빈 개념이 아니라는 것, 그 속에는 고유의 변증법이 있다는 것, 고독이나 집단성과 같은 개념이 변증법적 과정 가운데 어떤 순간에 출현한다는 것, 고독과 집단성은 심리학적 개념에만 국한되지 않는다는 것, 다시 말해 타인에 대한 욕구나 그 욕구에 내재한 타자에 대한 예지, 예감, 기대 같은 것에만 제한되지 않는다는 사실을 확인해보자는 것입니다. 저는 고독을 존재 범주 가운데 하나로 제안하고자 합니다. 존재의 변증법 속에서, (변증법이라는 단어가 너무 특정한 의미를 가지고 있다면) '존재의 일반 경제' 속에서 고독이 어떤 자리에 위치하는지를 드러내고자 합니다.*

따라서 저는 '미리 주어진 타자와의 관계' 안에서 고독에 접근하는 하이데거의 입장을 처음부터 거부합니다. 이러한 입장은 인간학적으로는 논쟁의 여지가 없겠지만 존재론적으로는 매우 불분명해 보입니다. 타인과의 관계를 하이데거는 **현존재**Dasein의 존재론적 구조로 설정합니다. 하지만 실제로 타인과의 관계는 존재의 드라마나 실존 분석론에서 아무런 역할을 하지 않습니다. 《존재와 시간》은 일상적 삶의 비개인성[비인격성]을 분석하거나 홀로 있게 된 **현존재**를 분석하는 데 모든 정성을 쏟습니다. 그런데 달리 생각해보죠. 고독이 지닌 비극적 성격이 죽음으로 더 두드러지는 타인

---

*　'존재의 일반 경제'란 세계 속에서 주체가 주체로서 자신의 존재를 확립해가는 과정을 말한다. 여기에는 향유, 거주, 노동 등 인간의 거주와 경제 활동이 본질적인 계기로 작용한다. 《전체성과 무한》 제2부 참조.

의 상실이나 무無에서 기인하는 것일까요? 여기에는 적어도 한 가지의 애매성이 있습니다. 〔하이데거의 관점에는〕 사회성을 통해 고독의 정의定義를 넘고, 고독을 통해 사회성을 넘어서자는 제안이 들어 있는 것으로 보입니다. 결국 하이데거에게 타자는 **서로 함께 있음** Miteinandersein의 본질적인 상황 속에 나타납니다. 여기서 **함께**mit라는 전치사는 관계를 묘사합니다. 어떤 것 주변에서, 공통의 관계항을 중심으로, 나란히côte à côte 연합하는 방식을 말합니다. 좀 더 정확하게 말하자면 하이데거에게서 이 관계는 진리를 중심으로 맺어집니다. 하지만 이것은 '얼굴과 얼굴을 마주한face-à-face' 관계, 사람들이 모두 저 자신의 개별적인 실존 사실을 제외하고 모든 것을 쏟아붓는 관계가 아닙니다. 타자와의 근원적인 관계는 **함께**라는 전치사로 묘사할 수 없다는 것이 제 입장입니다. 이 강의에서 그것을 보여줄 수 있기를 희망합니다.

　　제가 택한 작업 방법 때문에 논의의 전개가 조금 어려워질 수 있습니다. 인류학적 전개에서 볼 수 있는 눈부신 감동은 없을 것입니다. 그 대신 고독에 대해서는 말할 수 있을 것입니다. 사람들은 집단성이야말로 행복이고, 고독과 행복은 대립한다고 생각하는 습관이 있습니다. 저는 불행으로서의 고독이나 집단성에 반대되는 것이 아니라 이것과는 다른 측면에서 고독을 논의해볼 것입니다.

　　고독의 존재론적 뿌리를 찾아봄으로써 어떻게 고독을 넘어설 수 있을지 살펴보고자 합니다. 이 논의에 앞서, 고독을 극복하는 방법이 될 수 '없는' 것들을 확인해두는 게 좋겠습니다. 우선, 지식은 그러한 길이 될 수 없습니다. 왜냐하면 원하든 원하지 않든 지식의 대상은 주체에게 흡수되고 이원성은 사라지기 때문입니다. 나자신을 벗어나는 길(탈자성, 무아경extase)도 고독을 이길 수 있는 방법이 아닙니다. 왜냐하면 주체는 자신을 벗어난 관계에서 대상에 흡수되어 대상과 하나가 되기 때문입니다. 이 모든 관계는 타자의 소멸에 이르게 될 뿐입니다.*

여기서 우리는 고통과 죽음의 문제를 맞닥뜨립니다. 이 주제를 통해 유행에 어울리는 화려한 논의를 펼칠 수 있기 때문이 아니라, 죽음의 현상 안에서 고독은 신비와 맞닿은 자리에 이르기 때문입니다. 신비를 알려지지 않은 것, 알 수 없는 것, 미지의 것으로 부정적으로 이해한 것은 잘못입니다. 그렇기 때문에 저는 신비의 긍정적인 의미를 보여줄 것입니다. 이러한 신비의 개념을 통해 순수하고 단순한 회귀로 환원되지 않는 고독의 관계를 주체 안에서 파악할 수 있습니다. 신비이면서도 반드시 무無라고는 할 수 없는 죽음 앞에서 어느 한 항項이 다른 항을 흡수하는 일은 발생하지 않습니다. 죽음 앞에서 나타나는 이원성이 어떻게 타자와 시간과의 관계가 되는지를 마지막에 보여드리겠습니다.

이러한 전개 과정은 변증법을 포함할 수 있습니다. [하지만]

---

*   레비나스의 관심은 홀로 있는 존재로 성립된 주체가 타자와 관계할 수 있는 방법이 무엇인지를 해명하는 데 있다. 지식이 지성주의적 길이라면, 자기를 벗어남(무아경)은 신비주의적 길이다. 레비나스는 이 두 길이 모두 적합하지 않다고 본다.

그런 경우에도 헤겔의 변증법과는 아무런 관계가 없을 것입니다. 아니면, 헤겔의 변증법과 무관합니다. 저는 일련의 모순들을 가로지르려고 시도하지 않을 것이며, 역사의 정지를 통해 모순들을 화해시키려고 하지도 않을 것입니다. 오히려 통일성 안에 용해할 수 없는 다원주의를 지향하고자 합니다. 이는 무모할지 모르나 어쨌든 파르메니데스와 결별하자는 시도입니다.*

---

* 파르메니데스에 따르면 존재는 하나요, 불변하는 것이다. 이와 대립하는 생성은 다수요, 변화하는 것이다. 레비나스는 존재를 하나로 보는 존재 일원론에 대해서 존재 다원론을 내세우고자 한다.

존재함의 고독

고독의 아픔은 어디에서 오는 것일까요? 우리가 결코 단수로 존재하지 않는다고 말하는 것은 진부합니다. 우리는 존재하는 것들과 사물들에 에워싸여 있으며 이것들과 관계를 맺고 있습니다. 시각, 촉각, 공감, 공동 작업 등을 통해 우리는 타자와 함께 존재합니다. 모든 관계는 타동사적입니다. 나는 어떤 대상objet을 만집니다. 나는 타자를 봅니다. 하지만 나는 타자가 **아닙니다**. 나는 완전히 홀로 있습니다. 그러므로 내 안의 존재, 내가 존재한다는 사실, 나의 **존재함**은 절대적으로 자동사적인 요소를 구성합니다. 여기에는 어떤 지향성도, 어떤 관계 맺음도 없습니다. 모든 존재자는 서로 교환할 수 있습니다. 그러나 [그것의] '존재함'은 교환할 수 없습니다. 존재être는 이런 의미에서 존재함exister에 의해 스스로를 고립시킵니다. 내가 존재하는 한, 나는 단자monade*입니다. 내가 문도 없고 창문도 없는

---

* 　모든 존재하는 개체를 일컫기 위해 라이프니츠가 사용한 용어. 라이프니츠의 단자는

단자로 존재하는 것은 '존재함' 때문이지 [타인과] 소통할 수 없는 어떤 내용이 내 안에 있기 때문이 아닙니다. 만일 타인과 소통할 수 없는 것이 있다면, 그것은 그 내용이 보다 내밀하고 사적인 나의 존재에 뿌리를 두기 때문입니다. 그러므로 내 인식의 확장이나 자기표현 수단의 확장은 나의 '존재함'과의 관계, 곧 가장 내적인 관계에 아무런 영향을 미치지 않습니다.

원시인의 사고방식이 우리 개념의 토대를 흔든 것처럼 보입니다. 왜냐하면 적어도 레비브륄Lévy-Bruhl의 해석을 따르면 원시인의 사고에서도 타동사적인 존재가 가능한 것처럼 보이기 때문입니다.* [레비브륄의 해석은] 주체가 참여를 통해 타자를 볼 뿐 아니라 타자가 **된**다는 인상을 남겼습니다. '논리 이전'이나 '신비'라는 개념보다는 이 '참여'라는 개념이 원시인의 정신세계를 이해하는 데 더욱 중요합니다. 그럼에도 참여가 우리를 고독에서 구출해주지는 않습니다. 적어도 현대의 의식은 주체의 비밀과 주체의 고독을 그

창이 없다. 후에 후설이 인간의 상호 의사소통을 표현하기 위해 '단자론적 상호 주관성'이란 개념을 사용했다(《데카르트적 성찰》 V, §42).

* 뤼시앙 레비브륄은 프랑스의 민속학자이자 철학자로 신화적 세계 속에서 원시인의 삶을 '참여'란 말로 특징지었다. 그는 이러한 사고방식을 '신비적이고 전前 논리적'이라고 불렀다. 하지만 그는 그 후, 이러한 사고는 그 자체 고유의 논리가 있을 뿐 아니라 모든 사람에게 그러한 가능성이 있다는 것을 인정했다. '타동사적 존재'란 존재가 다른 무엇과 관계하거나 목적어를 갖는다는 말이다. 레비나스는 '존재'라는 사건은 자동사적임을 강조한다. 이와 관련된 논의는 C. A. 반 퍼슨, 강영안 옮김, 《급변하는 흐름 속의 문화》(서광사, 1994), 45~75쪽 참조.

렇게 쉽게 버리지 않을 것입니다. 그리고 참여는 그것의 경험이 현실적일 수 있는 범위 내에서 탈자적인〔무아경의〕 혼용과 일치합니다. 탈자적인 혼용은 관계항의 이원성을 충분히 유지하지 못합니다. 우리가 단자론을 떠나면 우리는 일원론에 이르게 됩니다.*

    '존재함'은 모든 관계 맺음, 모든 다수성을 거부합니다. 존재함은 존재자existant 외에 아무도 보지 않습니다. 고독은 로빈슨 크루소와 같은 고립 때문에 생기는 것도 아니고 의식의 내용을 타인과 소통할 수 없기 때문에 생기는 것도 아닙니다. 고독은 존재자와 〔존재하고자 하는〕 그의 존재 작업 사이의 뗄 수 없는 통합으로 나타납니다. 존재자 속에서 존재함에 접근하는 것은 존재함을 그것의 통합 속에 가두는 것이고 후손들이 파르메니데스에게 범하고자 했던 부친 살해를 피할 수 있는 길을 〔파르메니데스에게〕 열어주는 것입니다. 고독은 존재자들이 존재한다는 사실 자체 때문에 존재합니다. 고독이 초월〔극복〕되는 상황을 이해하려면 존재자와 그의 '존재함' 사이의 연결 원칙을 시험해봐야 할 것입니다. 이렇게 하자면 존재자가 존재를 자신의 것으로 떠맡는 사건으로 가봐야 합니다. 존재자가 '존재함'을 자신의 것으로 떠맡는 사건을 저는 **이포스타즈 hypostase**, 곧 '홀로서기'라고 부릅니다.** 지각과 과학은 항상 저마

---

*   레비나스의 단자론은 라이프니츠와 마찬가지로 본질적으로 다원주의를 함축한다.

** '홀로서기'로 번역한 hypostase는 그리스어 hypostasis에서 유래한 말로 라틴어로는 substantia로 번역된다. 전통적인 번역을 따르자면 '실체'라고 해야 하겠으나, 주체가 개별적 주체로, 하나의 명사적 존재로 등장하는 과정을 서술하는 용어이기 때문에 '홀

다 사적인 '존재함'을 갖추고 있는 존재자로부터 출발합니다. 존재자와 그의 '존재함' 사이의 연결은 끊을 수 없는 것일까요? '홀로서기'[의 사건으]로 다시 돌아갈 수 있을까요?

로서기'라고 번역했다. 이 용어에 대한 자세한 설명은 레비나스의 《존재에서 존재자로》참조.

하이데거로 다시 돌아가봅시다. 이미 앞에서 사용한 하이데거의 **존재** Sein, être와 **존재자** Seiendes, étant의 구별을 여러분은 무시할 수 없을 것입니다. 하지만 저는 발음 때문에 **존재함** exister과 **존재자** existant로 번역해 쓰기를 좋아합니다.* 물론 실존주의적인 의미를 이 용어에 더하려는 의도는 없습니다. 하이데거는 주체들과 대상들을 구별합니다. 존재하는 존재들, 곧 존재자를 존재자의 존재하고자 하는 작업 자체와 구별합니다. 전자는 명사나 명사화된 분사로 번역되고 후자는 동사로 번역됩니다. 《존재와 시간》 첫머리부터 나오는

---

*   레비나스는 '존재자'라는 개념을 하이데거와 큰 차이 없이 사용한다. 하지만 '존재'라는 개념에서는 차이가 있다. 하이데거는, 적어도 《존재와 시간》의 하이데거는, 존재를 언제나 존재자의 존재로 이해한다. 하지만 레비나스는 '존재자 없는 존재', '익명적 존재 사건'을 얘기하고 있다. 레비나스의 '존재'는 언제나 동사적 개념('존재함')이라는 점을 염두에 두어야 한다. 좀 더 자세한 논의는 강영안, 《타인의 얼굴: 레비나스의 철학》(문학과지성사, 2005) 참조.

이 구별 때문에 철학사의 흐름 가운데 남아 있었던 어떤 애매성, 곧 '존재함'에서 출발해서 '존재를 완전하게 소유한 존재자', 곧 신에 도달하는 방식으로 존재를 이해하게 된 애매성에서 철학이 벗어나게 되었습니다.

《존재와 시간》 가운데 가장 심오해 보이는 것은 존재와 존재자의 구별입니다. 하지만 하이데거에게는 구별이 있을 뿐 분리가 없습니다. 존재는 언제나 존재자 속에 붙잡혀 있습니다. 존재자 가운데서도 인간에 대하여 하이데거가 사용한 '각자성 Jemeinigkeit(각자의 것임)'이란 용어도 존재는 언제나 누군가에게 소유된다는 바로 그 사실을 표현합니다. 하이데거는 존재자 없는 존재를 인정할 수 없었다고 저는 믿습니다. 그에게는 존재자 없는 존재란 터무니없는 것으로 보였을 것입니다. 하지만 장켈레비치가 '하이데거라는 사람의 표현'이라면서 소개한 적이 있는 **게보르픈하이트**Geworfenheit(던져짐)란 개념이 있습니다. 이 단어는 통상 〔프랑스어로〕 'déréliction버림받음' 또는 'délaissement저버림'으로 번역하는데, 이는 **던져짐**의 결과를 강조합니다. 저는 〔하이데거의〕 'Geworfenheit'를 '존재 속으로 던져져 있는 사실 fait-d'être-jeté-dans'로 번역해야 한다고 생각합니다. 그래서 마치 존재자가 그것에 앞서 있는 존재에서만 나타나는 것처럼, 마치 존재가 존재자와 독립적인 것처럼, 따라서 던짐을 당한 존재자는 절대로 존재의 주인이 될 수 없는 것처럼 이해되어야 합니다. 바로 이 때문에 버림받음과 포기를 말할 수 있습니다. 우리 없이, 주체 없이 있는 존재, 존재자 없는 존재의 관념이 이렇게 생겨냅니다. 존재자 없는 존재는 그저 말에 지나지 않는다고 장 발은 틀림없이 말할 것입니다. '말mot'이라는 용어는 어느 정도 경멸의 의미를 담고 있기 때문에 거북하긴 하지만 저는 대체로 장 발의 의견에 동의합니다. 다만 우리가 먼저 해야 할 일은 존재의 일반 경제 속에서 말의 위치를 미리 결정하는 것입니다. 존재함은 존재하지 않는다고 기꺼이 말하고 싶습니다. 존재하는 것은 존재자입니다. 존재하지 않는 것을 통해서 존재하는 것을 이해하자는 주장은 결코 철학에서 혁명일 수 없습니다. 관념론의 철학은 결국 존재하지 않는 어떤 것 위에 존재를 세우는 방법이었습니다.

그런데 존재자 없는 이 존재에 어떻게 접근할 수 있을까요? 모든 사물, 모든 사람, 존재하는 모든 것이 무無로 돌아갔다고 상상해보십시오. 그러면 우리는 순수 무를 만나게 될까요? 이 가상의 파괴 후에 남는 것은 어떤 것, 어떤 사물이 아니라 있다il y a라는 사실뿐입니다. 모든 사물의 부재는 하나의 현전présence, 現前으로 되돌아갑니다. 모든 것이 무너진 장소로, 대기의 밀도로, 텅 빔의 가득 참으로, 침묵의 중얼거림으로 되돌아갑니다. 모든 사물과 존재들이 파괴된 후 존재하는 것들의 비인칭적인 '힘의 장場'이 있을 뿐입니다. 주체도, 주어도, 명사도 아닌 것. 존재하는 것이 아무것도 없을 때, 스스로 부과하는 존재함의 사실. 이것은 이름이 없습니다. 이 존재를 자신의 것으로 수용하는 사물이나 사람은 없습니다. '비가 내린다', '날씨가 덥다'고 말할 때처럼 있다는 비인칭적입니다. 부정을 통해 떼어낸다고 해도 그와 같은 존재는 되돌아옵니다. 그저 존재함 l'exister pur의 면제 불가능성으로 그렇게 있을 뿐입니다.

존재함의 익명성을 언급할 때, 저는 철학 교과서에서 흔히 무규정적 배경이라고 하는 것, 곧 사물 지각을 가능케 하는 배경을 생각하는 것이 아닙니다. 무규정적 배경은 이미 하나의 존재, 존재자, 이미 어떤 한 사물입니다. 무규정적 배경은 이미 명사의 범주 안에 들어가 있습니다. 존재자의 특징인 기본적 인격성도 이미 갖추고 있습니다. 제가 접근하려는 존재함은 명사로 표현할 수 없는, 그 자체가 동사인 존재 작업 자체입니다. 이 존재는 그저 단순하게 긍정할 수 있는 것이 아닙니다. 왜냐하면 언제나 **존재자**라야 긍정할 수 있기 때문입니다. 하지만 그 존재를 부인할 수도 없기 때문에 그것은 스스로 존재 주장을 하는 셈입니다. 모든 부정의 뒤편에서 이 존재의 분위기, '힘의 장'으로서의 존재함이 모든 긍정과 모든 부정의 장으로 다시 나타납니다. 그것은 **존재하는** 대상에 결코 매여 있지 않습니다. 그러므로 그것을 익명적이라고 부릅니다.

다른 측면에서 이 상황을 접근해보지요. 불면증을 생각해보십시오. 이번에는 상상을 통한 경험이 아닙니다. 불면은 불면의 상태가 결코 끝나지 않으리라는 의식, 우리를 붙잡고 있는 '깨어 있음'의 상태를 벗어날 방법이 없다는 의식에서 비롯됩니다. 아무 목적 없이 깨어 있는 상태. 여기에 묶이는 순간, 시작점과 종착점의 개념을 잃게 됩니다. 과거에 용접된 현재는 모두 과거의 유산입니다. 그것은 아무것도 새롭게 하지 못합니다. 똑같은 현재와 똑같은 과거가 계속될 뿐입니다. 기억. 기억은 이미 과거에 대해 하나의 해방일 것입니다. 여기서 시간은 어디에서도 시작하지 않습니다. 멀어지는 것도 없고 흐릿해지는 것도 없습니다. 잠들지 못하고 있음을 알려주는 것은 밖에서 들리는 소음뿐입니다. 오직 이 소음만이 시작도 끝도 없는 이 상황 속에, 앞에서 이야기한 비인칭적[비인격적] 존재, 곧 **그저 있을 뿐**il y a이라고 할 수 있는 것과 비슷한 상황 속에, 도무지 빠져나올 수 없는 불사성不死性 속에 새로운 시작을 끌어들입니다.*

　　잠으로 돌아갈 가능성이 없는 깨어 있음은 **그저 있음**il y a의 전형적인 성격을 보여줄 뿐 아니라 자신의 무화無化를 통해 자신을 주장하는 존재의 모습을 보여줍니다. 깨어 있음은 무의식의 도피처가 없는 상태요, 개인의 내밀한 영역인 잠으로 되돌아갈 수 없는 상태입니다. 이러한 존재는 이미 그 자체가 평화라고 할 수 있는 **자기에게 있는 존재**en-soi가 아닙니다. 오히려 자기soi의 부재이며 **자기 없는**sans-soi 상황입니다. 존재자 없는 존재는 출발점이 없기 때문에 이러한 존재 성격을 우리는 영원 개념으로 표시할 수 있습니다. 영원한 주체는 하나의 형용 모순입니다. 왜냐하면 주체는 이미 하나의 시작이기 때문입니다. 영원한 주체는 자기 밖에서 아무것도 시작할 수 없을뿐더러, 그 자체가 불가능합니다. 만일 주체라면 그 자신이 시작이어야 하고 영원성을 배제해야 하기 때문입니다. 영원성은, 그 영원성을 떠맡을 주체가 없기 때문에 평안한 휴식을 취할 수 없

*　　'있음'에 대한 좀 더 자세한 분석은 《존재에서 존재자로》참조.

습니다.

무無가 존재로 전환하는 것을 우리는 하이데거에게서도 발견할 수 있습니다. 하이데거의 무는 어떤 활동성과 존재 성격을 여전히 지니고 있습니다. 〔하이데거에 따르면〕 무는 무를 만듭니다le néant néantit. 무는 조용히 머물러 있지 않습니다. 무는 무를 생산하는 가운데 자신을 긍정합니다.

하지만 **있다**라는 개념은, 만일 고전철학의 큰 주제 가운데서 가장 가까운 예를 든다면, 아마도 헤라클레이토스에게서 찾을 수 있지 않을까 생각합니다. 같은 강물에 두 번 목욕할 수 없다는 이야기보다《크라틸로스》를 통해 전해오는 것처럼 단 한 번도 헤엄칠 수 없는 〔강물의〕 흐름에 관한 이야기를 생각해보십시오.* 흐름 속에서는 존재자의 형식인 개체의 지속성 자체가 불가능합니다. 여기서는 생성〔변화〕을 이해할 수 있는 가장 기초적인 요소인 지속성이 사라집니다.

있다라고 이름 붙인 이 '존재자 없는 존재'는 홀로서기가 발생하는 자리입니다.

이러한 개념이 가져올 결과를 좀 더 부연해서 강조해두고 싶습니다. 이 개념은 '무가 없는 존재être sans néant', 즉 '열어줌도 없고 벗어날 수도 없는 존재'라는 개념을 가능케 해줍니다. 무의 불가능성은 우리가 존재를 지배할 수 있는 최후의 가능성인 자살에서마저

---

*   플라톤, 《크라틸로스》 440a 이하 참조.

도 그 지배 기능을 앗아갑니다. 우리는 더는 아무것도 지배할 수 없습니다. 우리는 말하자면 부조리 속에 있습니다. 자살은 부조리에 대항하는 최후의 수단으로 보였습니다. 싸움의 무용성을 깨달은 순간에도, 절망적이면서도 눈을 부릅뜨고 싸운 맥베스의 행위도 넓은 의미로는 자살의 범주에 포함됩니다. 자살 가능성을 통해 존재 의미를 찾을 수 있다는 사실이야말로 끊임없이 비극의 소재가 됩니다. 《로미오와 줄리엣》3막에서 "모든 게 끝장나도 내겐 아직 죽을 힘이 있어!"라고·외친 줄리엣의 외침은 그가 아직은 운명을 버텨 이겨내고 있다는 뜻입니다. 비극은 단순히 자유에 대한 운명의 승리가 아니라고 말할 수 있습니다. 운명이 이긴 것처럼 보이는 순간, 그 개인은 스스로 받아들인 죽음을 통해 운명을 벗어나버리기 때문입니다. 하지만 바로 이 점에서 〈햄릿〉은 비극 저편에 있습니다. 햄릿은 비극의 비극입니다. 그는 '존재하지 않음 not to be'이 아마도 불가능하며 자살을 하더라도 부조리는 어쩔 수 없다는 사실을 알고 있었습니다.* '어쩔 수 없는 존재', '탈출구 없는 존재'는 존재의 근본적인 부조리를 보여줍니다. 존재는 악입니다. 유한하기 때문이 아니라 한계가 없기 때문에 악입니다. 하이데거는 불안을 무의 경험으로 봤습니다. 그런데 만일 죽음을 무로 이해한다면, 오히려 죽을 수 없다는 사실 자체가 불안이 아닐까요?

---

*   햄릿의 "to be or not to be"에 관한 레비나스의 해석은 3강의 '죽음과 미래' 끝부분과
        《존재에서 존재자로》참조.

있다[그저 있음]를 깨어 있음을 통해 그려내는 것은 단순히 존재한다는 사실에 의식을 부여하는 것처럼 역설적으로 보일 수 있습니다. 하지만 깨어 있음이 의식을 규정하는지, 잠들지 않고 깨어 있음에서 벗어날 수 있는 가능성이 오히려 의식이 아닌지 우리는 물어봐야 합니다. 의식의 고유한 의미는 숙면에 들 가능성에 등을 기대고 있는 깨어 있음에 있지 않은지, '나'라고 부를 수 있는 것은 비인격적인 깨어 있음의 상황[불면의 상황]에서 벗어날 수 있는 능력이 아닌지 물어봐야 합니다. 의식은 실제로 [자지 못하고] 깨어 있음에 이미 참여합니다. 하지만 의식을 의식으로 규정하는 것은 잠자기 위해 '뒤로' 물러날 가능성을 늘 보유하고 있다는 것입니다. 의식은 잠잘 수 있는 능력입니다. 충만 안으로의 도피는 의식의 역설과 같습니다.*

*   레비나스에 따르면 주체의 의식 작용, 세계와의 관련성 또는 의미 부여는 잠을 통해서 실현된다.《존재에서 존재자로》참조.

뭘 말하자는 것일까요? 의식이란 익명적 **있음**의 깨어 있음과의 결별이고, '홀로서기'이며, 한 존재자가 그의 존재와 관련을 맺기 시작한 상황을 가리킨다는 것입니다. 의식이 왜 생겨나는가 하는 문제를 뚜렷이 설명할 재간이 제게는 없습니다. 형이상학에는 물리학이 없습니다.* 저는 홀로서기의 의미가 무엇인지만을 보여드릴 수 있을 뿐입니다.

'존재하는 어떤 것〔존재자〕'의 출현으로 익명적인 존재 사건의 중심부에 전혀 새로운 전환이 일어납니다. 존재자는 존재를 속성으로 가지며 주어가 술어의 주인이듯이 존재의 주인이 됩니다. 존재는 존재자의 소유가 됩니다. 존재자는 존재 지배를 통해서 홀로 서게 됩니다. 하지만 홀로, 독점적으로 존재를 지배하는 데는 한

---

*   형이상학적 사건을 인과론적으로 설명할 수 없다는 말이다. 홀로서기가 물리적으로 어떻게 가능한지의 문제는 형이상학에서는 무의미한 물음이다.

계가 있습니다(조금 뒤 이것에 관해 알게 될 것입니다). 좀 더 엄밀히 말하자면 존재자의 출현은 원래 그 자신만으로는 익명적으로 남아 있을 수밖에 없는 존재 안에서 지배와 자유가 성립되는 사건입니다. 익명적 존재 속에 어떤 존재자가 들어서기 위해서는 자기를 떠났다가 다시 자기에게 복귀하는 일이 가능해야 합니다. 다시 말해 자기 동일성의 작업 자체가 가능해야 한다는 것이지요. 존재자는 자기 동일성 확인을 통해서 다시 자신 속에 닫히게 됩니다. 이러한 존재자는 단자monade이며 고독입니다.

홀로서기의 사건, 이것이 곧 현재입니다. 현재는 자기로부터 출발합니다. 더 정확히 말하자면 자기로부터의 출발이 곧 현재입니다. 현재는 시작도 끝도 없는 무한한 존재의 씨줄에 생겨난 하나의 균열[찢음]입니다. 현재는 찢어내고 다시 이어줍니다. 현재는 시작합니다. 현재는 시작 자체입니다. 현재에는 과거가 있지만 과거는 기억의 형태로 간직됩니다. 현재에는 어떤 역사가 있지만 현재가 그 역사는 아닙니다.

홀로서기를 현재로 설정하는 것이 시간을 존재 안에 다시 도입하는 것은 아닙니다. 우리 자신에게 현재를 부여한다고 해서 연속적인 지속의 흐름 속에서 일정한 시간의 길이나 한 시점을 우리 자신이 갖는다는 뜻은 아닙니다. 언제나 이미 구성되어 있는 시간에서 절단해낸 현재, 곧 시간의 한 요소를 말하자는 것이 아닙니다. 여기서 말하고자 하는 것은 비인칭적[비인격적]인 존재의 무한 속에 균열[찢음]을 일으키는 현재의 **기능**입니다. 현재의 기능은 존재론적 도식schéma과 같습니다.* 여기서 말하는 현재는 한편으로는 하나의 사건이지만 아직 무엇이라고 할 수 없고 존재하지도 않습니다. 이 현재는 어떤 것이 자기로부터 나오게 하는 존재 사건입니다. 그러나 다른 면에서 보면 이 사건은 동사로 표현할 수밖에 없는 순수 사건입니다. 하지만 허물벗기와 같은, 이미 어떤 무엇이고 이미 존재자인 어떤 것이 이 존재 안에 존재합니다. 현재를 존재와 존재자의 경계에서 파악하는 것이 중요합니다. 이곳에서 현재는 존재의 기능을 〔수행〕하는 가운데 이미 존재자로 전환됩니다.

왜 그러냐 하면 현재는 '자기로부터의 출발'을 실행하는 방식이기 때문입니다. 바로 이 때문에 현재는 항상 소멸합니다. 만일 현재가 지속한다면 현재는 자신보다 선행하는 어떤 것에 의해 존재를 유지하는 것이 될 것입니다. 만일 그렇다면 어떤 유산遺産 덕분에 현재가 있는 셈입니다. 하지만 현재는 자기로부터 출발하는 어떤 것입니다. 과거에서 물려받은 것이 전혀 없어야 자신으로부터 비로소 출발할 수 있습니다. 그러므로 소멸은 시작의 근본적인 형식일 것입니다.

---

*   도식은 현상화 또는 구체화의 수단이다. 이런 의미에서 현재는 홀로서기의 주체로서 존재자의 존재를 실현하는 통로라고 할 수 있다. 현재, 즉 순간으로서의 현재는 과거와 미래와 관계하기 이전에 주체가 자기 자신에 현존하는 순간이다. 그러므로 현재는 '주체의 실현'으로 이해된다. 근현대철학에서 '도식'을 전문적인 철학 용어로 등장시킨 사람은 칸트다. 강영안, 《칸트의 형이상학과 표상적 사유》(서강대 출판부, 2009), 4장 3절, 122-129쪽 참조.

그런데 어떻게 이 소멸이 어떤 사물에 이를 수 있을까요? 지금을 요구하는 '나'라는 현상을 배제하기보다 오히려 그러한 현상을 그려내는 변증법적 상황으로 그렇게 할 수 있습니다.

철학자들은 언제나 '나'가 지닌 이중적 성격을 인정해왔습니다. '나'는 실체가 아니면서도 더할 나위 없는 존재자라는 것입니다. '나'를 정신성[정신적 존재]으로 정의한다고 해도, 만일 정신성을 어떤 속성들과 동일한 뜻으로 본다면, 이것으로 말해주는 바는 전혀 없습니다. '나'의 존재 양식에 대해서, 자아 안에서 전적인 혁신 능력을 배제하지 않는 절대자에 대해서 이것은 아무것도 말해주지 않습니다. 만일 이 능력에 절대적인 존재를 부여한다면 이렇게 하는 것은 기껏해야 그 능력을 실체로 만드는 꼴이 되고 말 것입니다. 그러나 한번 뒤집어보십시오. 존재와 존재자의 경계선상에서 홀로서기의 기능으로 포착한다면, 자아는 변화 가능한 것과 불변하는 것 사이의 대립, 존재와 무라는 범주로 설정해둔 경계를 이미 벗어나 있습니다. '나'란 애초에 어떤 존재자가 아니라 존재 양식 자체이며, 엄밀히 말해서 '나'는 존재하는 것이 아니라는 사실을 깨닫고 나면 이 역설은 곧장 사라지고 맙니다. 확실한 것은 현재와 '나'는 존재자로 전환되며, 우리는 여기서부터 시간을 구성할 수 있고 존재자로서 시간을 소유할 수 있게 된다는 것입니다. 그리고 우리는 이 실체화된 시간temps hypostasié으로부터 칸트적이거나 베르그송적인 경험을 할 수 있습니다. 하지만 그때 그 경험은 실체화된 시간, 이미 존재하는 시간에 대한 경험입니다. 더 이상 존재와 존재자 사이의 도식적인 기능 속에서 '홀로서기'의 순수한 사건으로서의 시간이 아닙니다. 현재를 존재에 대한 존재자의 지배로 정립할 때, 그리고 존재에서 존재자로의 이행을 탐색할 때, 우리는 더는 경험이라 부를 수 없는 탐구의 차원에 있게 됩니다. 그리고 만일 현상학이 근본 경험에 대한 방법에 지나지 않는다면 우리는 현상학조차 벗어나게 됩니다. 현재의 홀로서기는 홀로서기의 한 순간일 뿐입니다. 시간은 존재와 존재자 사이의 다른 관계를 보여줄 수 있습니다. 시간은 타인과 관계하는 사건 자체이며 현재의 일원론적 홀로서기를 넘어서서 다원론적 존재를 가능케 해준다는 사실을 나중에 알게 될 것입니다.*

현재, '나' – 홀로서기는 자유입니다. 존재자는 존재의 주인입니다. 존재자는 그의 존재에 주체의 남성적 힘을 행사합니다. 그는 자신의 힘으로 어떤 것을 소유합니다.

최초의 자유는 아직 자유로운 선택의 자유가 아니라 시작의 자유입니다. 이제 어떤 것에서 출발함으로 실존이 있습니다. 모든 주체 속에 담긴 자유, 주체가 있고 존재자가 있다는 사실 속에 담긴 자유. 이 자유는 존재에 대한 존재자의 지배의 자유입니다.

---

* 일체성 또는 하나 됨으로 용해될 수 없는 다원론적 존재는 3강에서 자세하게 논의된다.

고독과 홀로서기

이 강의 서두에서 규정했듯이 존재자와 존재자의 존재 사이의 뗄 수 없는 일체성을 고독이라고 볼 때, 고독은 타인과의 모종의 관계를 전혀 전제할 필요가 없습니다. 고독은 타인과의 선행된 관계의 결핍으로 보이지 않습니다. 고독은 홀로서기의 작업과 관련이 있습니다. 고독은 존재자의 일체성 자체이며, 존재 안에서, 그 존재로부터 어떤 형식을 얻는 존재자가 있다는 사실입니다. 주체는 하나un이기 때문에 홀로seul 있습니다. 시작의 자유, 존재에 대한 존재자의 지배가 가능하려면, 요컨대 존재자가 존재하려면 고독이 있어야 합니다. 고독은 절망이고 버림받음일 뿐 아니라 남성적인 힘virilité이고 오만이며 주권이기도 합니다. 고독을 오로지 절망을 통해 이해하고자 했던 실존주의적 해석이 성공을 거두었기 때문에 낭만주의와 바이런 문학 그리고 심리학에서 볼 수 있는 당당하고, 귀족적이며, 천재적인 고독에 대한 주제들은 모두 잊히고 말았습니다.

고독과 물질성

하지만 존재에 대한 주체의 이러한 지배, 존재자의 이러한 주권에는 변증법적 전환이 일어납니다.*

　존재는 자신과 동일한 존재자, 곧 홀로 있는 존재자에게 지배받습니다. 하지만 동일성은 자기로부터의 출발에 그치지 않습니다. 동일성은 또한 자기로의 귀환입니다. 현재란 자신에게 돌아올 수밖에 없다는 사실에 존립합니다. 자신을 벗어날 수 없다는 사실은 존재자의 〔존재자로서의〕 자리 잡기로 치른 대가입니다. 존재자는 자신에게 몰두합니다. 이렇게 자신에게 몰두하고 동시에 그것에 점유당하는s'occuper de soi 방식이 곧 주체의 물질성입니다. 동일성은 자신과의 무해한 관계가 아니라 자신에게 얽매임un enchaînement à soi 입니다. 자기에게 얽매임은 자신에게 몰두하기 위해 어쩔 수 없는 일입니다. 시작은 자기 자신에게 짓눌립니다. 이 짓눌림은 꿈의 현

---

*　이 전환은 존재가 존재자로 전환한 다음 또다시 일어나는 제2의 전환이다.

재가 아니라 존재의 현재입니다. 존재자의 자유는 그가 진 책임으로 곧장 제한됩니다. 여기에 〔존재자의〕 큰 역설이 있습니다. 자유로운 존재는 자신을 책임져야 하기 때문에 더는 자유롭지 못하다는 역설 말입니다.

현재는 과거와 미래에 대해서 언제나 자유롭지만 자신과의 관계에서는 언제나 얽매임입니다. 현재의 물질적 성격은 과거가 짓누른다거나 자신의 미래 때문에 불안해한다거나 하는 사실과는 아무 상관이 없습니다. 현재의 물질적 성격은 현재가 현재인 한, 현재와 결부됩니다. 현재는 존재의 무한한 흐름에 균열〔찢음〕을 만들었습니다. 그러므로 현재는 역사를 모릅니다. 현재는 지금을 떠나 나옵니다. 그럼에도, 또는 그 때문에, 현재는 자기 자신에 관여하며, 이를 통해 책임을 인식하고, 물질성으로 전환합니다.

심리학이나 인간학에서는 이와 같은 현상을 나je는 나 자신에게 매여 있으며, 나의 자유는 은총처럼 가벼운 것이 아니라 이미 무거운 것이며, 나je는 어쩔 수 없이 나 자신soi이라고 설명합니다. 나는 동어반복의 드라마를 만들어내지 않습니다. 자아moi의 자기로의 복귀는 정확하게 말해서 조용한 반조返照도 아니며 순전히 철학적인 반성의 결과도 아닙니다. 자기와의 관계는 블랑쇼Maurice Blanchot의 소설 《아미나답Aminadab》*에서 보는 것처럼 자아에 사슬처럼 묶여 있는 분신과의 관계입니다. 이 분신은 메스껍고 굼뜨며 어

---

*   블랑쇼의 《아미나답》은 1942년에 출판되었다.

리석지만 자아는 그와 함께 존재합니다. 분신이 곧 자아이기 때문입니다. **함께** 있음은 자기에게 관여해야 한다는 사실에 나타납니다. 〔이를 벗어나려는〕 모든 시도는 야단법석을 떠는 일에 지나지 않습니다. 나는 귀신처럼, 미소처럼, 불어오는 바람처럼 〔그렇게 가볍게〕 존재하지 않습니다. 나는 책임 없이 존재하지 않습니다. 나의 존재être는 소유avoir와 겹칩니다. 나는 나 자신에게 차단됩니다. 이것이 바로 물질적 존재입니다. 물질성은, 그러므로, 신체의 무덤이나 감옥으로 영혼이 우연히 추락한 상태를 표현하지 않습니다.[*] 물질성은 존재자의 자유 안에서 주체의 출현에 필연적으로 함께 수반됩니다. 신체를 이렇게 자아와 자기 사이의 관계가 생기는 구체적인 사건으로서의 물질성으로부터 이해한다는 것은 신체를 일종의 존재론적 사건으로 돌리는 것입니다. 존재론적 관계는 신체를 벗어난 관계가 아닙니다. 자아와 자기의 관계는 조용한 정신의 자기 반조가 아닙니다. 이 관계는 인간의 물질성 전체입니다.

　　자아의 자유와 그의 물질성은 이렇게 함께 조화를 이룹니다. 익명적 존재 속에서 존재자가 출현한다는 사실과 결부되어 있는 최초의 자유는 자아가 자기 자신에게 결정적으로 매이게 되는 대가를 치릅니다. 고독의 비극을 구성하는 이러한 존재자의 결정적 매임

---

[*]　　육체를 영혼의 무덤이나 감옥으로 보는 입장은 플라톤의 초기 대화편들에서 볼 수 있다. 특히 플라톤의 《파이돈》 82e 참조. 플라톤의 신체-영혼 이원론의 성격에 대해서는 C. A. 반 퍼슨, 손봉호·강영안 옮김, 《몸 영혼 정신: 철학적 인간학 입문》(서광사, 1985), 41~55쪽 참고.

이 바로 물질성입니다. 고독이 비극적인 것은 타자의 결여 때문이 아니라 자기 동일성 안에 포로로 갇히기 때문이며, 고독이 곧 물질이기 때문입니다. 물질에 대한 매임을 끊어버리는 것은 홀로서기의 결정적 매임을 깨뜨리는 것입니다. 시간 속에 존재함으로 이 깨뜨림이 가능합니다. 고독은 시간의 부재입니다. **주어진** 시간, 그 자체로 실체화되고 경험된 시간, 통과해야 할 시간, 주체가 그것을 통해 자신의 동일성을 유지하는 시간은 홀로서기와의 연계를 끊어줄 수 없는 시간입니다.

물질은 홀로서기의 불행입니다. 고독과 물질성은 서로 어울립니다. 고독은 모든 욕구가 충족될 때 한 존재에게 계시되는 고차원적 불안이 아닙니다. **죽음으로 향한 존재**Sein zum Tode의 특권적인 경험도 아닙니다.* 고독은 물질에 사로잡혀 있는 일상적 삶의 동반자라 할 수 있습니다. 물질에 대한 관심이 홀로서기 자체에서 생기고, 존재자의 자유 사건 자체를 표현한다고 하면 일상적 삶은 타락과는 거리가 멀고 우리의 형이상학적 운명에 대한 배신과도 먼 것으로 드러납니다. 일상적 삶은 [오히려] 우리의 고독에서 나오며, 고독의 진정한 성취이며, 심대한 불행에 대응하고자 하는, 무한히 진지한 시도입니다. 일상적 삶은 구원에 몰두하는 것입니다.

---

*   레비나스는 3강에서 하이데거의 '죽음으로 향한 존재'를 자세하게 논의한다.

이와 같은 방식으로 이제 모든 현대철학이 부딪히고 있는 모순을 해결할 수 있지 않을까요? 좀 더 나은 사회에 대한 희망과 고독의 절망. 이 둘은 너무나 자명한 경험에 기초하고 있지만 도무지 화해할 수 없는 적대 관계에 있는 것처럼 보입니다. 고독의 경험과 사회적 경험은 서로 대조될 뿐 아니라 모순 관계에 있습니다. 이 두 경험은 각각 제 나름대로 보편적인 경험이라 내세우고 마침내 다른 경험은 진정한 경험에서 이탈한다고 보는 생각에 이릅니다.

사회학과 사회주의의 낙관적 구성주의의 핵심에는 고독의 감정이 하나의 위협적 요소로 남아 있습니다. 타인과의 대화와 집단적 작업에서 얻는 기쁨, 세계를 거주 가능한 공간으로 만드는 것들을 모두 파스칼이 말한 기분전환이나 단순한 고독의 망각 정도로 보고 배격하도록 고독의 감정이 고발해줍니다.* 세계에 거주하고,

---

*   파스칼은 죽음, 비참, 무지 등에도 불구하고 인간이 행복을 찾기 위한 수단으로 잡담이

일에 관심을 두며, 그것들에 애착을 가진다는 사실, 또한 사물들을 지배하고자 하는 열망은 고독의 경험에서는 무가치한 것으로 평가될 뿐 아니라 고독의 철학에 의해 설명됩니다. 사물들과 욕구들에 대한 관심은 하나의 추락이며, 이 욕구들에 내재된 최종적 목적성〔죽음〕 앞에서의 도피요, 자가당착이며, 불가피하지만 열등하며 비난받을 수밖에 없는 것을 나타내는 비진리일 것입니다.

하지만 반대도 똑같이 참입니다. 파스칼적인, 키르케고르적인, 니체적인, 하이데거적인 불안Angst 가운데에서 우리는 추악한 부르주아처럼 처신합니다. 아니면 우리는 미쳐 있습니다. 아무도 광기를 구원의 길로 제안하지 않을 것입니다. 셰익스피어 비극에 나오는 어릿광대, 바보는 세계의 변덕스러움과 상황의 부조리를 꿰뚫어 보고 자신이 본 것을 분명하게 말하는 사람입니다. 하지만 어릿광대는 비극의 주인공이 아닙니다. 극복해야 할 일이 그에게는 아무것도 없습니다. 어릿광대는 왕들, 왕자들, 영웅들의 세계 안에 터져 있는 하나의 틈새입니다. 이 틈을 통해 광기〔어리석음〕의 바람이 세계를 통과합니다. 그것은 빛을 꺼버리고 휘장을 찢어내는 폭풍이 아닙니다. 긴 하루를 채우는 일들, 우리와 동류인 인간들과의 관계를 위해 고독에서 우리를 떼어내는 집착들의 총체를 사람들은 '추락'이니, '일상적 삶'이니, '동물성'이니, '타락'이니, '추잡한

나 전쟁, 오락 등을 택한다고 본다. 키르케고르와 하이데거의 '본래성'과 '비본래성'에 대한 논의는 파스칼의 이러한 생각에 원천을 두고 있는 것으로 보인다.

물질주의'니, 이렇게 쓸데없이 부르고 싶어 하지만 이러한 일들은 결코 하찮은 일일 수 없습니다. 진정한 시간은 근원적으로 자기를 벗어남(탈자성, 무아경)이라고 생각할 수 있습니다. 그러나 사람들은 시계를 삽니다. 존재는 벌거벗은 상태이긴 하지만, 그럼에도 가능한 범위 안에서 예의 바르게 옷을 입어야 합니다. 불안에 관해서 책을 쓸 때는 어떤 사람을 위해서 쓰고, 집필에서 출판에 이르기까지 수많은 과정을 거치며, 때로는 불안을 파는 장사꾼처럼 처신합니다. 사형수는 형장으로 가기 전에 옷매무새를 바로잡고, 마지막 담배를 받으면서 탄알을 받기 전에 남길 웅변적인 말을 찾습니다.

실재론자들이 관념론자들을 두고 저들은 환상의 세계에서 먹고 숨 쉬는 사람들이라 비난하는 것처럼 손쉬운 반론도 존재합니다. 하지만 이 경우는 그렇게 쉽게 무시할 수 있는 반론들이 아닙니다. 이 반론들은 어떤 행동을 형이상학에 대립시키는 것이 아니라 도덕에 대립시키는 것입니다. 서로 적대적인 경험은 각각 하나의 도덕입니다. 이들은 상대방을 [인식론적으로 또는 형이상학적으로] 오류l'erreur라고 비난하는 것이 아니라 [도덕적으로] 거짓l'inauthenticité이라고 비난합니다. 대중들이 불안보다는 빵에 더 열중하면서 엘리트들에게 대항하는 데에는 소박성 이상의 그 무엇이 개입해 있습니다. 그 때문에 경제 문제에서 출발하는 휴머니즘에는 어떤 감동적인 위대함의 강조가 나타나며, 그 때문에 노동자 계급이 자신들의 권리를 요구할 때 휴머니즘에까지 이를 수 있는 힘이 그 속에 있습니다. 만일 여기서 문제되는 것이 거짓된 행위이거나 하나의 일탈이거나 아니면 우리의 동물성의 요구에 지나지 않는다면, 이와 같은 현상은 도무지 설명할 수 없을 것입니다.

　건설적, 낙관적 사회주의의 관점에서 볼 때 고독과 고독에서 오는 불안은 연대 의식과 명민함을 요구하는 세계 안에서 그것을 외면하고 머리를 처박는 타조의 태도요, 사치와 퇴폐에서 비롯된 사회 변혁기의 부수 현상이며, 균형 잃은 개인의 몰상식한 꿈이고, 공동체 안에서의 일탈입니다. 사회주의적 휴머니즘도 고독의 철학과 똑같은 권리를 가지고서 죽음과 고독의 불안을 거짓말과 수다라고 주장하며, 심지어는 신화화와 기만적인 웅변이자, 본질적인 것 앞에서의 도피요, 퇴폐라고 주장할 수 있습니다.

　구원의 욕구와 만족의 욕구—야곱과 에서[에사오] 사이의 이율배반.* 하지만 구원과 만족의 진정한 관계는 고전적 관념론이 알아차렸고 현대의 실존주의가 끝까지 유지하고 있는 그런 것이 아닙니다. 구원은 그 기초의 단단함을 확보하기를 요구하는 좀 더 고차원의 형식처럼 욕구의 만족을 요구하지 않습니다. 우리의 일상적 삶은 정신 활동을 통해 끊임없이 극복되는 단순한 동물성의 연속이 아닙니다. 그렇다고 해서 빈곤이나 무산계급의 조건이 천국 문을 엿볼 기회가 될 수 없는 것처럼, 어쩌다 일어나는 욕구로 인한 고통 속에서 구원에 대한 불안이 솟구쳐 나오는 것도 아닙니다. 우리

＊　　야곱과 에서는 이삭의 두 아들이다. 에서는 당장의 배고픔을 면하기 위해 팥죽 한 그릇 값으로 동생 야곱에게 장자권長子權을 팔았다. 〈창세기〉 25장 25~34절 참조.

의 노동자 계급을 짓누르는 억압이 경제적인 해방 외에도 형이상학적 해방에 대한 향수를 그들 속에 일깨우기 위한 경험이라고는 생각하지 않습니다. 혁명적 투쟁이 단순히 정신적 삶의 기초로 쓰이거나 그러한 위기를 통해 소명감을 일깨우는 수단에 지나지 않는다면 그것은 본래 의미와 진정한 의도에서 벗어난 것입니다. 경제적 투쟁은 이미 그 자체로 구원을 위한 투쟁입니다. 왜냐하면 그 투쟁은 '홀로서기'의 변증법에 뿌리를 두고 있고 그 변증법으로 최초의 자유가 정립되기 때문입니다.*

사르트르의 철학에는 거의 천상의 것처럼 완벽한 현재가 존재합니다. 존재의 무게는 모두 과거로 내팽개쳐지고 현재의 자유는 이미 물질을 초월해 있습니다. 저는 [사르트르와는 반대로] 현재 자체와 그것의 출현으로 오는 자유 안에서 물질이 지닌 무게 자체를 인정함으로써 물질적 삶이야말로 존재의 익명성에 대한 승리요, 동시에 그의 자유 자체에 스스로 매여 있는 비극적인 고정성le définitif임을 곧장 인식하고자 합니다.

고독을 주체의 물질성에 관련지을 때, 이때 물질성은 자기 자신에게 매이는 것이기 때문에, 세계와 세계 안에 있는 우리의 존재가 어떤 의미에서 자신에게 속한 무게와 그의 물질성을 극복하기

---

* 레비나스는 여기서 인간 존재가 근본적으로 물질적이며 경제적이라는 사실을 강조하고 있다. 물질성을 바탕으로 하는 일상적 삶은 그러므로 인간 존재의 '비본래성' 또는 '타락'으로 가치 절하될 수 없다. 이 점에서 레비나스는 하이데거뿐만 아니라 사르트르와도 구별된다.

위해, 다시 말해 자기와 자아 사이의 연결을 끊기 위해 주체의 근본적인 발걸음을 구성하는지 이해할 수 있습니다.

세계를 통한 구원: 먹을거리들

일상적 삶 속에서, 세계 안에서, 주체가 지닌 물질적 구조는 어느 정도는 〔이미〕 극복되어 있습니다. 자아와 자기 사이에는 '간격 intervalle'이 나타납니다. 동일한 주체는 자신에게로 곧장 돌아가지 않습니다.

하이데거 이후, 우리는 세계를 도구들의 집합으로 보는 일에 익숙해졌습니다.* 세계 안에 존재한다는 것은 행위한다는 것입니다. 그런데 행위한다는 것은 결국 우리 자신의 존재를 행위의 대상으로 삼는 것입니다. 도구는 서로 다른 도구를 지시하고 최종적으로는 존재에 대한 우리의 관심을 지시합니다. 욕실의 버튼을 누를 때 우리는 전적으로 존재론적인 문제를 열고 있는 것입니다. 그

---

*　　하이데거는 세계를 공간 가운데 존재하는 사물들의 총체로 보기보다는 존재에 대해 걱정하고 염려하는 존재자와 상관된 '도구 전체성'으로 이해한다. 하이데거의 '도구 분석'에 대해서는 《존재와 시간》 §15 참조.

런데 하이데거가 놓친 것은, 적어도 지금 이 문제와 관련해서 하이데거가 보지 못한 것은 세계가 도구들의 체계를 이루기 전에 먹을거리糧食들의 총체라는 사실입니다. 세계 안에서 인간의 삶은 세계를 채우는 대상들을 넘어설 수 없습니다. 먹기 위해서 산다고 말하는 것은 아마 옳지 않겠지만 살기 위해서 먹는다고 말하는 것은 더욱더 옳지 않을 것입니다. 먹는 행위의 최후 목적은 음식 안에 담겨 있습니다. 꽃의 냄새를 맡을 때, 이 행위의 목적은 꽃의 향기에 제한됩니다. 산책은 바람을 쐬기 위한 것, [다시 말해] 건강을 위해서가 아니라 바깥 공기를 마시기 위함입니다. 세계 안에서의 우리의 존재를 특징짓는 것은 먹을거리들입니다. 자기 밖에 존재하는 '탈존적 존재'는 그러나 대상에 의해 제한됩니다.

　　대상과의 관계를 우리는 향유jouissance라고 이름 붙여볼 수 있습니다. 모든 향유는 존재의 방식이며 동시에 감각의 작용입니다. 곧 빛과 지식입니다. [따라서 모든 향유는 지식으로] 대상을 흡수하지만 동시에 대상과 거리를 둡니다. 앎, 곧 밝음luminosité은 본질적으로 향유에 속합니다. 그렇기 때문에 자기 자신을 내어준 먹을거리들 앞에서 주체는 그가 존재하는 데 필요한 모든 대상과 거리를 두고 존재합니다. 홀로서기의 순수하고 단순한 동일성 안에서의 주체는 [자기와의 관계에서는] 자신에게 매여 있지만 세계 안에서는 자기에게 돌아오는 대신 '존재하기 위해 필요한 모든 것과의 관계'를 맺습니다. 주체는 [그리하여] 자기 자신으로부터 분리됩니다. 빛은 그런 가능성의 조건입니다. 이런 의미에서 우리의 일상적 삶은 이미 최초의 물질성에서 해방되는 방식이며 이를 통해 주체는 스스로 〔자신을 주체로〕 세웁니다. 여기에는 이미 자기 망각이 포함되어 있습니다. 《지상의 양식 *Nourritures terrestres*》의 교훈 morale은 최초의 도덕 morale입니다.[*] 최초의 포기. 그러나 끝이 아니라, 이것을 거쳐 지나가야 합니다.[**]

---

[*] 《지상의 양식》은 앙드레 지드의 산문으로 1897년에 발표되었다.

[**] (원주) 이처럼 향유를 '자기를 벗어나는 것'으로 보는 것은 플라톤주의와 대립한다. 플라톤은 혼합된 쾌락을 거부할 때 일종의 계산을 했다. 혼합된 쾌락은 순수하지 못한데, 그와 같은 쾌락은 어떤 현실적 이익이 기록되지 않고서 채우는 결핍을 전제하기 때문이다. 나는 향유를 손익 관계로 판단해서는 안 된다고 본다. 우리는 향유를 그것의 생성, 그것의 사건 안에서, 존재 안에 스스로 등록하는, 변증법 속에 던져진 자아의 드라마와 관계해서 봐야 한다. 지상의 양식의 모든 매력, 젊음의 모든 경험은 플라톤적 계산과 대립한다.

빛과 이성의 초월

그런데 이 자기 망각, 향유의 밝음으로도 자기와 자아의 뗄 수 없는 관계는 끊어지지 않습니다. 만일 이 빛을 주체가 그 안에 자리하고 있는 물질성의 존재론적 사건에서 분리하거나 이성의 이름으로 이 빛을 절대적인 것으로 삼는다고 하더라도 빛을 통해 주어진 공간의 간격은 빛을 통해 순간적으로 자기 안에 수용됩니다. 빛을 통해 다른 무엇이 나와 다른 것으로 존재하지만 이것들은 이미 마치 나에게서 나온 것처럼 존재합니다. 빛이 비친 대상은 또한 우리가 만나는 대상입니다. 하지만 그것이 그렇게 비추기 때문에 마치 우리에게서 나온 것처럼 우리가 만나게 됩니다.* 그곳에는 낯선 것이 전혀

---

* (원주) 이 기회를 이용해서 드발른스(루뱅대학교 교수-옮긴이)가 이 자리(장 발의 '철학학교'- 옮긴이)에서 했던 매우 훌륭한 강의를 통해 다룬 문제를 언급해야 하겠다. 그것은 후설에 관한 것이다. 후설이 기술적 직관에서 초월론적 분석으로 넘어간 까닭은, 드발른스에 따르면 인식 가능성과 구성 행위를 같은 것으로 보았기 때문이다. 왜냐하면 순수 직관은 인식 가능성이 아니기 때문이다. 하지만 나는 그의 생각과는 달리 후설

없습니다. 〔지성으로 알게 된 대상의〕 초월은 내재 안에 감싸여 있습니다. 내가 지식과 향유 안에 있을 때 나는 나 자신과 함께 있습니다. 〔나〕 자신에 사로잡힌 자아를 해방시키기에는 빛의 외재성으로는 충분하지 않습니다.

빛과 지식은 홀로서기와 그와 관련된 변증법 안에서 존재의 익명성에서 해방된, 하지만 존재자의 자기 동일성에 의해 자신에게 매인(다시 말해 물질화된) 주체가 그의 물질성과 거리를 두기 위한 방법으로 우리에게 나타납니다. 그러나 지식은 존재론적 사건에서 분리되고, 해방의 다른 차원들이 약속된 물질성에서 분리된 채 고독을 극복하지 않습니다. 이성과 빛은 그것들 자체로 존재자인 한에서 존재자의 고독을 완성하며, 모든 것의 유일하고 독특한 준거점이 되어야 할 과제를 달성합니다.

이성은 모든 것을 자신의 보편성 안에 포괄하는 가운데 고독 안에 다시 머뭅니다. 유아론唯我論은 착오도 아니고 궤변도 아닙니다. 유아론은 이성의 구조 자체입니다. 이는 이성이 결합하는 감각이 '주관적' 특성을 띠고 있기 때문이 아니라 이성의 보편성 때문에 그렇습니다. 다시 말해 〔이성의〕 빛에는 한계가 없고 어떤 사물도 그것을 떠나 존재할 가능성이 없기 때문입니다. 이 때문에 이성은

의 직관 개념은 이미 인식 가능성을 함축하고 있다고 생각한다. 보는 것은 벌써 자기 것으로 만드는 것이며 우리가 만나는 대상은 말하자면 자신의 내면에서 꺼내는 것과 같다. 이러한 의미에서 '초월론적 구성'은 아주 분명하게 보는 방식일 뿐이다. 이것은 완벽하게 된 봄規이다.

말을 건넬 또 다른 이성을 전혀 찾지 않습니다. 의식의 지향성은 자아를 사물들과 구별하게 해주지만 유아론을 사라지게 하지는 않습니다. 왜냐하면 〔의식이 거주하는〕 요소〔공간〕인 빛은 우리가 외부 세계를 지배하게 해주지만 우리에게 〔이성의〕 짝을 발견할 수 있도록 해줄 수는 없기 때문입니다. 이성적 지식의 객관성은 이성의 고독한 성격에서 아무것도 빼앗아가지 않습니다. 객관성에서 주관성으로의 전회轉回 가능성은 이성의 철학인 관념론의 주제입니다. 빛의 객관성은 〔실상은〕 주관성 자체입니다. 모든 대상은 의식의 언어로 말할 수 있습니다. 다시 말해 모든 것은 빛 속에서 포착될 수 있습니다.

공간의 초월성은 출발점으로 회귀하지 않는 초월에 터를 잡을 때 실제적인 것으로 확보될 수 있습니다. 물질과의 투쟁 속에서 일상적 초월이 늘 같은 지점으로 돌아오는 것을 방해하는 사건을 만날 때야 〔비로소〕 삶이 구원의 길이 될 수 있습니다. 이 초월, 곧 빛의 초월을 떠받치고 외부 세계에 현실적 외재성을 부여하는 이 초월을 파악하려면 구체적 상황, 향유 가운데 빛이 주어지는 상황, 다시 말해 물질적 실존으로 되돌아가야 합니다.

3강

저는 〔앞선 강의에서〕 홀로 있는 주체, 존재자라는 사실, 오직 이 사실로 인해 홀로 있을 수밖에 없는 주체를 다루었습니다. 주체의 고독은 주체가 '존재'와 가진 관계, 곧 주체가 〔존재를 자기 것으로 소유하는〕 주인이라는 사실 때문에 유지됩니다. 존재에 대한 이러한 지배는 시작할 수 있는 능력, 곧 자신으로부터 출발할 수 있는 능력입니다. 자기 자신에게서 출발한다는 것, 그것은 행위하기 위함도 사유하기 위함도 아닙니다. 오직 존재하기 위함입니다.

이어서 존재자 안에서 일어나는 익명적 존재로부터의 해방이 자기에게 매임, 다시 말해 자기 확인identification〔동일화〕의 매임이 된다는 사실을 보여주었습니다. 구체적으로 말하면, 자기 확인의 관계는 자기를 통해 자아가 짐을 짊어짐이며 자기를 위해 스스로 감수한 자아의 배려 또는 물질성이라는 것입니다. 미래와 과거에 대한 관계를 전혀 고려하지 않는 주체는 자기 자신에게 스스로 짐을 지우며 그것도 바로 현재의 자유 속에서 자신에게 스스로 짐을 지웁니다. 따라서 주체의 고독은 본래 아무런 도움이 없다는 사실이 아니라 자기 자신에게 일종의 먹이로 내던져져 있으며, 자기 자신이라는 진흙탕에 빠져 있다는 사실입니다. 이것이 바로 물질성입니다. 그러므로 물질성은 욕구를 초월하는 바로 그 순간, 주체를 먹을거리에, 먹을거리로서의 세계에 마주 보게 하면서 주체에게 자기 자신으로부터의 일종의 해방을 제공합니다. 세계는 주체에게 향유의 형식으로 존재에 참여할 수 있도록 해주며 결과적으로는 자기에 대해 거리를 두고 존재할 수 있도록 허용합니다. 주체는 자신이 흡수하는 대상 속에 흡수됩니다. 그럼에도 주체는 대상과의 거리를 유지합니다. 모든 향유는 또한 감각 활동이고, 이런 의미에서 곧 지식이고 빛입니다. 향유는 자기 소멸은 아니지만 자기 망각이며, 최초의 체념과도 같습니다.

노동

그런데 공간을 통한 이 순간적인 초월도 고독으로부터 도피를 가져다주지 못합니다. 자기와는 다른 사물을 만나게 해주는 빛은 그 사물이 마치 나에게서 이미 나온 것처럼 만나도록 해줍니다. 빛과 명료성은 이해 가능성 자체로서 모든 것을 나로부터 유래하도록 만들며 모든 경험을 기억의 요소로 환원합니다. 이성은 홀로 있습니다. 이러한 의미에서 지식으로는 진정으로 다른 어떤 것을 세계 안에서 만날 수 없습니다. 관념론의 심오한 진리가 바로 이것입니다. 공간적 외재성과 순간들의 외재성 사이의 상호 관계에 있는 근본적 차이가 이를 통해 드러납니다.

　　욕구의 구체성 속에서는 우리를 우리 자신과 떼어놓은 공간이 언제나 정복되어야 합니다. 이 공간을 뛰어넘어야 하고 대상을 손아귀에 넣어야 합니다. 달리 말하자면 우리는 손으로 일해야 합니다. 이러한 의미에서 '일하지 않는 사람은 먹지도 말라'는 명제는 하나의 분석 명제입니다.* 도구들과 도구의 생산은 거리의 지양이라는 몽환적인 이상을 좇습니다. 현대의 도구, 곧 기계가 열어준 새로운 관점에서 보면 사람들은 하이데거가 몰두한 '수단의 기능'보다는 오히려 '노동을 불필요하게 만든 기능'에 놀라게 됩니다.

　　주체는 결국 노동 속에서, 노력과 노동의 아픔과 그 고통 속에서 존재자의 자유 자체에 함축된 존재의 무게를 다시 발견하게 됩니다. 고통과 괴로움은 존재자의 고독이 끝내 이르는 현상입니다. 이제 우리는 이를 검토해보고자 합니다.

---

*　　분석 명제는 종합 명제와 구별된다. 종합 명제가 주어 개념에 담기지 않은 내용을 술어를 통해 진술하는 명제라면, 분석 명제는 주어 개념에 이미 담겨 있는 내용을 술어를 통해 해명해주는 명제다. 예컨대 도덕주의적 어조가 담긴 '먹지도 말라'는 말은 '일하지 않는 사람'이라는 주어에 새로운 내용을 덧붙여주는 것이 없다는 의미에서 분석 명제다. '총각은 결혼하지 않은 남자다', '원은 둥글다' 등도 분석 명제다.

고통과 죽음

아픔과 괴로움과 고통 속에서 우리는 고독의 비극을 형성하는 결정적 요소를 가장 순수한 모습으로 다시 보게 됩니다.* 이 결정적 요소는 향유의 탈자성〔무아경〕을 통해서도 끝내 극복될 수 없습니다. 두 가지 점을 강조해야 하겠습니다. 〔첫째〕 우리는 욕구와 노동의 괴로움에서 고독을 분석해보려고 시도해야지 무에 대한 불안에서 그렇게 해서는 안 된다는 것입니다. 〔둘째〕 저는 사람들이 신체적 고통이라고 부르는 고통을 강조할 것입니다. 왜냐하면 신체적 고통에는 실존에 대한 참여에 어떤 오해도 일어날 수 없기 때문입니다. 도덕적 고통에서는 일종의 존엄과 절제의 태도를 유지할 수 있고, 결과적으로 어느 정도는 이미 자신을 자유롭게 할 수 있지만 신체적 고통은 그것의 모든 강도에서 존재의 순간으로부터 자신을 분리

---

*   레비나스는 la peine, la douleur, la souffrance를 엄밀하게 구별해서 쓰지 않는다. 편의상 각각 아픔, 괴로움, 고통으로 번역한다.

할 수 없습니다. 신체적 고통은 존재의 면제 불가능성 자체입니다. 고통을 벗어날 가능성이 없다는 사실이 곧 고통의 내용을 이룹니다. 그렇다고 해서 고통을 고통 그 자체를 통해 정의하자는 것은 아닙니다. 고통의 본질을 구성하는 그 **고유한** 함축 자체를 강조하자는 것입니다. 고통 속에는 어떠한 도피처도 없습니다. 고통은 다만 존재에 직접 노출되어 있다는 사실입니다. 도망갈 수 있는 가능성도 웅크릴 수 있는 가능성도 없습니다. 고통이 그토록 뼈아픈 까닭은 고통을 피해 웅크릴 수 없기 때문입니다. 삶과 존재의 궁지에 내몰리고 있다는 사실 자체가 고통입니다. 이러한 의미에서 고통은 무無의 불가능성입니다.

하지만 고통 가운데는 불가능한 무에 대한 호소와 더불어 죽음과의 가까움이 동시에 존재합니다. 고통이 죽음으로 끝날 수 있다는 감정과 지식만이 있는 것이 아닙니다. 고통은 자신의 내면에 일종의 격발 작용paroxysme을 안고 있습니다. 그래서 고통보다 더욱 가슴을 찢는 일이 일어날 것처럼 한다든지, 고통 그 자체를 구성하는 피난처의 차원이 부재하는데도 또 하나의 시간에 대해 열린 영역이 아직도 있는 것처럼 한다든지, 무엇인가에 대해 불안해할 것이 있는 것처럼 한다든지, 고통을 통해 끝내 드러난 것 외에 또 다른 사건의 언저리에 있는 것처럼 할 수 있습니다. 고통 그 자체에 완전히 묶여 있음을 본질로 하는 이 고통의 구조는 미지의 것에까지 연장될 수 있지만, 그럼에도 이 미지의 것을 빛의 개념으로 번역할 수는 없습니다. 말하자면, 이 미지의 것은 우리의 모든 경험이 결국 되돌아가는 나moi와 자기soi의 친숙성에 저항적입니다. 무로서 자신을 처음부터 보여주기보다는 무의 불가능성을 경험하게 해주는 죽음이 가진 미지성은, 죽은 뒤 아무도 다시 돌아오지 않았기 때문에 죽음이 미지의 영역으로 실제로 남아 있다는 뜻이 아닙니다. 죽음의 미지성은 죽음과의 관계 자체가 빛을 통해서 맺어질 수 없다는 것을 의미하며, 주체가 자신에게서 유래하지 않는 것과 관계 맺고 있다는 사실을 의미합니다. 주체가 신비와 관계하고 있다고 말할 수 있을 것입니다.

죽음이 고통을 통해, 모든 빛의 영역 밖에서, 자신을 예고하는 방식은 주체의 수동성 경험입니다. 주체는 이제까지 능동적이었습니다. 자신의 고유한 본성에 압도되는 곳에서, 자신의 사실적 상황을 수용할 가능성을 보존할 때도 주체는 여전히 능동적이었습니다. 〔하지만〕 저는 방금 '수동성 경험'이라고 말했습니다. 말을 하자니 그렇게밖에 할 수 없습니다. 왜냐하면 경험은 항상 이미 지식, 빛, 주도권을 의미하기 때문입니다. 경험은 동시에 대상의 주체로의 회귀를 뜻합니다. 하지만 신비로서의 죽음은 이렇게 이해된 경험과는 구별됩니다. 지식에서는 모든 수동성이 빛의 매개를 통해 능동성이 됩니다. 내가 만나는 대상은 파악되고, 간단히 줄여서 말하면, 나를 통해 구성됩니다. 그런데 죽음은 주체가 주인이 될 수 없는 사건, 그것과 관련해서 더는 주체가 아니라는 사실을 알려줍니다.

고통 안에서 이렇게 죽음을 분석한 것이 '죽음으로 향한 존

3강

재'라는 하이데거의 유명한 분석과 관련하여 특별히 무엇을 제시하는지 곧장 알아봅시다. 죽음으로 향한 존재는 하이데거의 본래적 실존에서 최고의 밝음이며 그렇기 때문에 또한 최고의 남성다운 힘 virilité입니다. 죽음으로 향한 존재는 **현존재**를 통해 실존의 극단적 가능성을 받아들입니다. 이 가능성이야말로 다른 모든 가능성을 가능하게 만들고, 결과적으로는, 가능성을 손에 쥐는 사실 자체, 곧 능동성과 자유를 가능하게 해줍니다.* 죽음은 하이데거에게서는 자유의 사건입니다. 〔그러나 제가 보건대〕 고통 속에서 주체는 가능한 것의 한계에 이른 듯 보입니다. 주체는 자신에 묶여 있고, 압도되어 있고, 어떤 방식에서는 수동적임을 발견합니다. 죽음은 이러한 의미에서 관념론의 한계입니다.

우리가 죽음과 맺고 있는 관계의 주요 특성이 어떻게 철학자들의 관심 밖에 있을 수 있었던지 묻지 않을 수 없습니다. 우리가 정확하게 알 수 없는 죽음의 무無에서 분석을 시작해서는 안 됩니다. 절대적으로 알 수 없는 것이 나타나는 상황에서 우리의 분석을 시작해야 합니다. 절대적으로 알 수 없다는 것은 어떠한 빛에 대해서도 낯선 것이어서 어떠한 가능성의 채택이 불가능하면서도 우리 자신이 그 안에 붙잡혀 있음을 뜻합니다.

---

*　(원주) 하이데거에서 죽음은 장 발이 말하는 것처럼 '가능성의 불가능성'이 아니라 '불가능성의 가능성'이다. 이러한 구별은 하찮은 것으로 보일지라도 매우 중요한 의미를 지닌다.

죽음과 미래

죽음이 결코 현재일 수 없는 까닭은 바로 이 때문입니다. 이러한 사실은 자명합니다. 죽음에 대한 공포를 없애기 위해 만들어진 '네가 있으면 그[죽음]는 없고, 그가 있으면 너는 없다'라는 고대 격언은 죽음이 안고 있는 역설을 오해했습니다.* 이 격언은 미래와의 독특한 관계인 죽음에 대한 우리의 관계를 지워버립니다. 그럼에도 이 격언은 적어도 죽음이 영원한 미래임을 주장합니다. 죽음이 어떠한 현재에도 머물지 않는다는 사실은 죽음에 대한 우리의 도피 때문도 아니고 마지막 순간에 대한 용서받을 수 없는 건망증에 기인한 것도 아니라 죽음이 우리 손으로 **거머쥘 수 없는 것**이기 때문입니다. 남성다운 힘과 주체의 영웅주의는 여기서 끝납니다. 지금, 이 순간은 내가 [이 지금의] 주인이고, 가능한 것의 주인이며, 가능성을 손에 거머쥘 수 있는 주인입니다. 죽음은, 그러나 결코 지금일

---

*   이 격언은 에피쿠로스의 《메노이케우스에게 보내는 편지》에서 유래했다.

수 없습니다. 죽음이 현재 여기 있다면 나는 더는 현존하지 않습니다. 내가 무無이기 때문이 아니라 나는 죽음을 내 손으로 붙잡을 능력이 없기 때문에 거기에 없습니다. 나의 지배, 나의 남성다운 힘과 나의 주체의 영웅주의는 죽음과 관련해서 힘일 수도 없고 영웅주의일 수도 없습니다. 우리가 죽음의 가까움을 파악하는 바로 그 고통 속에서, 그리고 여전히 현상의 차원에서, 주체의 능동성이 수동성으로 반전하는 일이 일어납니다. 존재에 사로잡혀 있을 때, 그럼에도 내가 고통의 주체로서 존재를 아직도 손에 쥐고 있을 때, 그러한 고통의 순간이 아니라, 고통 자체가 울음과 흐느낌으로 바뀌는 그 때 이러한 반전이 일어납니다. 고통이 그 순수성에 도달하는 지점에서, 우리와 고통 사이에 더는 아무것도 개입하지 않는 그곳에서, 극단적 수용의 최고 책임성responsibilité은 최대의 무책임성irresponsibilité으로, 어린아이로 뒤바뀝니다.* 흐느낌이 그곳에 있고 바로 이 흐느낌을 통해서 죽음이 예고됩니다. 죽는다는 것은 이러한 무책임성 상태로의 회귀이며 어린아이처럼 어깨를 들먹거리면서 흐느끼는 것을 뜻합니다.

여러분, 여기서 또 한 번 셰익스피어로 돌아가도록 허락해주십시오. 저는 이 강의가 진행되는 가운데 그를 여러 번 써먹었습니

---

* 고통과 우리 사이에 아무것도 개입하지 않는 곳, 곧 죽음의 자리에서, 죽음에 응답하는 행동은 마치 아무것도 스스로 할 수 없는 갓난아기처럼 그 무엇도 책임질 수 없고, 무엇에도 응답할 수 없는 상태에 이른다.

다. 사실 저는 철학이 온통 셰익스피어에 관한 묵상에 지나지 않는다고 종종 생각했습니다. 비극의 주인공은 결국 죽음을 받아들이지 않습니까? 《맥베스》의 끝부분을 아주 간략하게 분석해보기로 하겠습니다. 맥베스는 버남의 숲이 던시네인의 성을 향하여 뻗어 있다는 사실을 알게 됩니다. 패배의 징조지요. 죽음이 다가오고 있습니다. 이러한 징조가 현실로 나타났을 때 맥베스는 말합니다. "불어라, 바람아! 오라! 파괴하라!" 그러나 곧이어 말합니다. "경종을 울려라 (…) 갑옷을 등에 걸친 채 우리는 죽으리라."* 죽음이 있기 전에 전투가 벌어질 것입니다. 패배의 두 번째 징조는 아직 보이지 않았습니다. 여인에 의해 태어난 남자는 맥베스에 대항할 수 없다고 마녀가 예언하지 않았습니까? 그러나 여인에 의해 태어나지 않은 맥더프가 저기 오고 있습니다. 죽음은 지금 이 순간을 위한 것입니다. 맥베스는 자신에 대한 그의 위력을 알려주는 맥더프에게 외칩니다. "나에게 그렇게 말하는 혓바닥은 저주를 받아라. 왜냐하면 혓바닥은 나의 남성다움의 최상의 부분을 낙담시키기 때문이다. (…) 너와는 내가 싸우지 않겠다."**

보십시오. 수동성입니다. 희망이 더는 존재하지 않을 때의 수동성입니다. 이것은 바로 제가 '남성다운 힘의 종말'이라고 이름

---

* 《맥베스》 원문: "Ring the alarum-bell!—Blow, wind!, come, wrack!/At least we'll die with harmess on our back."(5막 5장)

** 《맥베스》 원문: "Accursed be that tongue that tells me so/For it hath cow'd my better part of man! (…) — I'll not fight with thee."(5막 8장)

지은 것입니다. 그런데 곧장 희망이 되살아납니다. 그래서 맥베스가 마지막 말을 내뱉습니다.

"버남의 숲이 던시네인으로 향한다 해도, 여자가 낳지 않은 너를 마주한다 해도, 나는 나의 마지막 기회를 포착할 것이다."*

영웅에게는 죽음 앞에서 붙잡을 수 있는 마지막 기회가 언제나 있습니다. 그러나 그 기회는 죽음은 아닙니다. 영웅은 항상 마지막 기회를 포착하는 사람입니다. 영웅은 기회의 발견을 완강하게 고집하는 인간입니다. 따라서 죽음은 수용되지 않습니다. 죽음은 오는 것입니다. 그렇기 때문에 자살은 모순 개념입니다. 죽음의 영원한 위협은 그의 본질의 일부입니다. 주체의 지배가 보장되는 현재에는 희망이 있습니다. 희망은 일종의 **목숨을 건 모험**, 일종의 모순을 통해 죽음에 덧붙여지는 것이 아닙니다. 희망은 죽음의 언저리에서, 죽음의 순간에, 죽어가는 주체에게 주어집니다. "**나는 숨 쉰다. 나는 희망한다** Spiro-spero."** 죽음을 받아들일 수 없는 이 불가능성의 산증인이 햄릿입니다. 무無는 불가능합니다. 죽음을 받아들일 가능성, 존재의 노예 상태에서 최고의 지배권을 탈취해낼 가능성은 인간에게 맡겨져 있는 것 같습니다. "존재하느냐 아니면 존재하지 않느냐 to be or not to be"라는 말은 자신을 없앨 수 없다는 사실의 자각입니다.

---

* 《맥베스》 원문: "Though Birnam wood be come to Dunsinane,/And thou oppos'd, being of no woman born,/Yet I will try the last:"(5막 8장)

** 빅토르 위고의 《파리의 노트르담》에서 빌려온 표현이다. 숨 쉬고 있는 동안은 적어도 살아 있고, 그동안은 희망이 있다는 것이다.

사건과 타자

죽음에 관한 이러한 분석에서 우리는 어떠한 결론을 도출할 수 있겠습니까? 죽음은 주체의 남성다운 힘의 한계가 됩니다. 익명적 존재 한가운데 '홀로서기'를 통해 가능했던, 빛 가운데서 현재의 현상으로 자신을 드러냈던 남성다운 힘이 한계에 부딪히는 현상이 죽음입니다. [이러한 한계에 부딪히는 것은] 주체에게 불가능한 일들이 있거나 주체의 능력이 어떤 방식으로 제한되기 때문이 아닙니다. 죽음은 우리가 아무것도 할 수 없는 현실, 우리의 위력pouvoirs이 충분하지 못한 현실을 알려주는 것이 아닙니다. 우리의 힘forces을 넘어서는 현실은 [우리의 지성을 사용하는] 빛의 세계 안에서 이미 드러납니다. 죽음에 접근할 때 중요한 것은 우리가 특정한 순간부터 **할 수 있음을 더는 할 수 없다** nous ne pouvons plus pouvoir 는 점입니다. 바로 여기에서 주체는 주체로서 자신의 지배를 상실합니다.*

---

*   pouvoir는 동사로는 '할 수 있다'를 뜻하고 명사로는 '권력', '힘', '수단' 등을 뜻한다. '할

이러한 지배의 종말은 존재를 떠맡되, 우리가 더는 떠맡을 수 없는 방식으로 존재를 떠맡기 때문에, 심지어는 경험 세계를 통해 언제나 넘쳐흐르는, 시각을 통해 사물을 수용하는 것과는 전혀 다른 방식으로 **사건** événement 이 우리를 덮칠 수 있다는 사실을 말해줍니다. 최소한 '미리 앞서' 짐작해볼 수 없이, 사람들이 오늘날 흔히 말하듯 최소한의 계획도 세울 수 없이, 하나의 사건이 우리에게 닥쳐옵니다. 죽음, 그것은 계획을 세울 수 없음입니다. 이러한 죽음의 접근을 통해 우리가 절대적으로 다른 것 l'absolument autre과 관계를 맺고 있다는 사실을 알 수 있습니다. 이 다른 것他者이 짊어지고 있는 타자성은 향유를 통해 우리 자신의 것으로 동화시킬 수 있는 잠정적 규정으로서의 타자성이 아니라 존재 자체가 곧 타자성인 의미에서의 타자성입니다. 그러므로 나의 고독은 죽음을 통해 굳어지는 것이 아니라 오히려 죽음을 통해서 깨어집니다.

그렇기 때문에 존재는 다원주의적 pluraliste입니다. 여기서 다원성 혹은 복수성은 존재자의 다수성이 아니라 바로 존재한다는 사실 자체에서 나타납니다. 이제까지 홀로 존재하는 주체가 그토록 조심스럽게 소유하고, 고통을 통해 표명한 존재자의 존재 속으로 다원성이 잠입해 들어온 것입니다. 죽음을 통해 존재자의 존재는 자신에게서 소외됩니다. 그러나 확실히, 자신을 알려주는 타

수 있음을 더는 할 수 없다'는 말을 통해서 레비나스는 죽음에 직면한 주체가 자신이 가진 여러 힘뿐만 아니라 이 힘을 가질 힘조차 잃고 있음을 지적하고자 한다.

자 l'Autre는 주체가 존재를 소유하는 방식으로 존재를 소유하지 않습니다. 나의 존재에 대한 타자의 영향력은 신비롭습니다. 그것은 미지의 것이 아니라 아예 알 수 없는 것이며, 어떠한 빛도 되받아 물리쳐버립니다. 그런데 바로 이 점에서 타자는 나와 더불어 공동의 존재에 참여하고 있는 다른 자아 자체가 결코 아니라는 사실이 암시됩니다. 타자와의 관계는 공동체와의 전원적이고 조화로운 관계도 아니며, 우리가 타자의 입장에서 봄으로써 우리 자신이 그와 유사하다고 인식하도록 하는 공감도 아닙니다.* 타자와의 관계는 우리에 대해 외재적입니다. 타자와의 관계는 하나의 신비mystère와의 관계입니다. 그것은 타자의 외재성입니다. 아니면 차라리 그의 타자성이라고 해야 하겠습니다. 왜냐하면 외재성은 공간의 특성으로서, 주체의 존재를 구성하는 빛을 통해 주체를 자기 자신에게로 환원하기 때문입니다.

그렇기 때문에 고통을 통해 자신의 고독을 더욱 팽팽하게 지탱하고 죽음에 직면해서 설 수 있는 존재만이 타자와의 관계가 가능한 영역에 자신을 세울 수 있습니다. 타자와의 관계는 결코 하나의 가능성을 손에 거머쥔다는 사실이 될 수 없습니다. 타자와의 관계는 빛을 서술하는 관계와는 뚜렷이 구별된 개념으로 그 특성을

---

*   레비나스는 타자의 타자성을 나와 구별되는 '다른 자아alter ego' 또는 공감이나 연민을 통해 서로 교감할 수 있는 상대방의 존재로 보지 않는다. 타자의 타자성은 나와는 비교할 수 없는 절대 외재성으로 규정된다.

그려야 합니다.* 에로스적 관계가 이에 대한 전형을 우리에게 제공한다고 생각합니다. 죽음처럼 강한 에로스는 저 신비와의 관계를 분석하는 데 필요한 바탕을 제공해줄 것입니다.** 하지만 여기에는 빛의 세계라고 할 수 있는 플라톤주의와는 전혀 다른 개념을 가지고 에로스를 해명해야 한다는 조건이 있습니다.***

　　그런데 어떠한 가능성도 주체가 거머쥘 수 없는 죽음의 상황으로부터 우리는 타자와의 존재와 관련해 또 다른 특성을 끌어낼 수 있습니다. 어떠한 방식으로도 손아귀에 쥘 수 없는 것, 그것은 미래입니다. 미래의 외재성은 미래가 절대적으로 예기치 않게 닥쳐온다는 사실로 인해서 공간적 외재성과는 전혀 다릅니다. 미래에 대한 기대, 미래의 투사는 베르그송에서부터 사르트르에 이르기까지 모든 이론이 마치 시간의 본질적 특성처럼 일반적으로 인식해왔지만, 사실 이것은 미래의 현재에 지나지 않을 뿐 진정한 미래라고 할 수 없습니다. 미래는 손에 거머쥘 수 없으며, 우리를 엄습하여 우리를 사로잡는 것입니다. 미래, 그것은 타자입니다. 미래와의 관

---

*　　반복해서 보았듯이 '빛'이란 지성 또는 이성을 뜻한다. 따라서 '빛을 서술하는 관계'란 지성(또는 이성)을 통한 사물 인식의 관계를 일컫는다. 이 경우는 개념적 포착이나 이해가 가능하다. 하지만 타자와의 관계는 그러한 개념적, 대상적 관계일 수 없다. 그러므로 레비나스는 대상적 관계일 수 없는 에로스적 관계에서 타자와의 관계의 모형을 찾고자 한다.

**　　'죽음처럼 강한 에로스'는 〈아가서〉(또는《솔로몬의 노래》) 8장 6절의 표현이다.

***　　플라톤의 에로스는 일치 또는 융합을 겨냥한다. 그러나 레비나스는 에로스의 경험이야말로 타자의 타자성, 즉 타자와의 차이를 체험할 수 있는 경험으로 본다.

계, 그것은 타자와의 진정한 관계입니다. 오로지 홀로 있는 주체에서 시간을 이야기한다는 것, 순수하게 개인적인 지속에 관해서 이야기한다는 것은 불가능해 보입니다.

타자와 타인

지금까지 죽음 속에서 일어나는 사건의 가능성을 보여드렸습니다. 그리고 주체가 여전히 주인이며 따라서 언제나 주체가 홀로일 수 있는 대상의 가능성에 대하여 주체가 더는 주인이 아닌 사건의 가능성을 대립시켰습니다. 이러한 사건을 저는 '신비'로 규정했습니다. 왜냐하면 이 사건은 예측할 수 없고, 손에 거머쥘 수 없으며, 현재 속으로 들어설 수 없으며, 또는 들어오지 않는 것처럼 현재 안으로 들어오기 때문입니다. 그런데 다른 것으로서 나의 존재의 소외로서 알려진 죽음을 과연 아직도 나의 죽음이라 할 수 있을까요? 죽음이 만일 고독에 탈출구를 열어준다면 죽음은 오히려 고독을 소멸시키고 주체성 자체를 소멸시켜버리지 않을까요? 사실 죽음에는 죽음의 사건에 직면하는 주체와 〔죽음 그 자체의〕 사건 사이에 일종의 심연이 놓여 있습니다. 그런데 손에 거머쥘 수 없는 사건이 어떻게 나에게 닥쳐올 수 있을까요? 타자와 존재자의 관계는 어떤 관계일까요? 어떻게 존재자는 죽을 수밖에 없는 존재로서 존재하면서도 자신의 '인격성'을 유지하고, 익명적 '있음'에 대한 자신의 정복과 주체의 지배와 주체성의 정복을 보존할 수 있을까요? 존재자는 타자에 의해 자기 자신이 소멸되지 않도록 지키면서 타자와의 관계에 들어설 수 있을까요?

다른 것에 앞서 이러한 물음을 먼저 물어봐야 하는 까닭은 이것이 바로 초월 가운데서의 자아의 자기 보존 문제이기 때문입니다. 고독으로부터의 탈출이 자아가 자신을 기획 투사한 내용에 흡수되는 것이 아니라면, 또한 주체가 대상을 수용하듯이 그렇게 죽음을 수용할 수 없다면, 도대체 어떠한 형식으로 자아와 죽음 사이를 화해시킬 수 있겠습니까? 죽음을 자신의 고유한 가능성으로 받아들이지 않으면서도 자아는 어떻게 죽음을 받아들일 수 있겠습니까? 죽음을 마주하여 더는 '할 수 있다'라고 할 수 없다면 사람은 어떻게 죽음이 고지하는 사건 앞에서 여전히 자기 자신으로 남아 있을 수 있단 말입니까?

죽음의 현상 자체를 충실하게 기술해놓은 가운데에도 똑같은 문제가 있습니다. 고통이 그토록 비장한 까닭은 존재로부터 도망칠 수 없다는 사실, 존재 속에 걸려들었다는 사실 때문만이 아닙니다. 죽음이 그것으로부터의 초월을 예고하는 빛과의 관계를 떠난다는 사실에 대한 두려움도 있기 때문입니다. 햄릿과 마찬가지로 우리는 알지 못하는 존재보다 이미 알고 있는 존재를 선호합니다. 마치 존재자가 홀로서기를 통해 들어선 모험이 이러한 모험 속의 견딜 수 없는 것들에 대항해 유일하게 받을 수 있는 도움이고 유일한 도피처인 것과 같습니다. 죽음에는 무無에 대한 루크레티우스의 유혹이 있고 영원에 대한 파스칼의 열망이 있습니다.* 이들은 결코 전혀 다른 태도가 아닙니다. 우리는 죽고자 하면서 동시에 존재하기를 원합니다.

문제는 사람이 어떻게 죽음에서 영원성을 구해내는가가 아니라, 죽음의 사건이 자아의 존재 가운데 일어날 때 〔한편으로는〕 홀로서기를 통해 획득한 자유를 보존하면서 〔다른 한편으로는〕 죽음을 어떻게 수용할 것인가 하는 것입니다. 이것은 죽음을 극복하고자 하는 노력이라 이름 붙일 수 있는 상황입니다. 이러한 상황은 〔죽음의〕 사건이 일어날 때, 하나의 사물, 하나의 대상을 수용하듯이 죽음을 수용하지 않고 사건 자체를 주체가 마주하는 상황입니다.

지금까지 일종의 변증법적 상황을 서술했습니다. 이제 이러한 변증법이 실제로 일어나는 구체적 상황을 살펴봅시다. 이 방법에 관해서는 여기에서 길게 논의할 수 없지만, 이것은 지속적으로 제가 사용하는 방법입니다. 어쨌든 이 방법이 끝까지 현상학적이지

---

* 로마의 시인 루크레티우스는 현세적 삶을 벗어난 이야기에 무관심할 것을 권했다. 만일 삶 자체가 지루하다면, 조용히 삶을 떠나버리면 그만이다. 이것을 일컬어 레비나스는 '무에 대한 루크레티우스의 유혹'이라 부른다. 파스칼은 현세의 상대적 가치를 인정하지만 그의 마음속에는 이보다 더 큰 영원한 하나님에 대한 열망이 있었다. 레비나스는 이 두 가지 태도가 서로 모순된 듯 보이지만 구체적인 인간의 삶에서는 서로 뗄 수 없다고 말하고자 한다.

는 않다는 사실을 알게 될 것입니다.

이러한 상황은 주체가 그 사건을 받아들이지도 않고 그것에 대해서 아무것도 할 수 없는 그런 상황이지만, 그러면서도 어떤 방식으로든 그것과 얼굴을 마주하고 있는 상황입니다. 이러한 상황은 타인autrui과의 관계이며, 타자와 얼굴과 얼굴을 마주한 관계이며, 타인을 보여주면서 동시에 빼앗는 얼굴visage과의 만남입니다. '받아들인' 타자, 그것은 타인입니다 L'autre 'assumé' − c'est autrui.

이러한 만남의 의미는 마지막 강의에서 이야기하겠습니다.

시간과 타인

저는 이러한 [타자와의] 관계가 실존주의 측이나 마르크스주의 측에서 우리에게 제안하는 것과는 전혀 다르다는 것을 보여줄 수 있기를 희망합니다. 오늘은 적어도 시간 자체가 어떻게 타인과 얼굴과 얼굴을 맞댄 상황과 지시 관계를 맺는지를 말해보려고 합니다.

죽음을 통해 주어진 미래, 사건의 미래는 아직 시간이 아닙니다. 왜냐하면 아무에게도 속하지 않은 미래, 사람이 수용할 수 없는 미래가 시간의 한 요소가 되기 위해서는 현재와 관계를 맺어야하기 때문입니다. 이 두 순간의 결합은 어떻게 일어날까요? 현재와 죽음을 갈라놓는 엄청난 심연, 엄청난 간격이 있으면서, 하찮으면서 동시에 무한하기까지 한, 그래서 희망의 장소가 되기에 충분할 정도의 언저리를 가지고 있는 이 두 순간이 어떻게 결합할 수 있겠습니까? 시간을 공간으로 변형시킬 수 있는 순수 인접 관계로는 분명 안 될 것입니다. 운동과 지속의 약동은 더더욱 아닐 것입니다. 왜냐하면 현재에 대해서 자기 자신을 초월하고 미래를 침식할 수 있는 능력이 죽음의 신비를 통해 우리에게는 완전히 배제된 것처럼 보이기 때문입니다.

미래와의 관계, 현재 속에서의 미래의 현존은 타자와 대면한 〔얼굴과 얼굴을 마주한〕 상황에서 비로소 실현되는 것처럼 보입니다. 얼굴과 얼굴을 마주한 상황은 진정한 시간의 실현입니다. 현재가 미래로 향해 발을 내딛는 일은 홀로 있는 주체에서 일어나는 일이 아니라 상호 주관적인 관계입니다. 시간은 인간들 사이의 관계 속에서 또는 역사 속에서 가능합니다.

_____

_____

_____

_____

_____

_____

_____

_____

_____

_____

_____

_____

_____

_____

지난번 강의는 고통의 문제에서 시작했습니다. 고통은 존재자가 자신의 고독을 완전히 실현하는 사건입니다. 자기 자신과의 관계가 어느 정도 강한지, 자신이 누구인지를 결정해주는 요소가 무엇인지를 존재자는 고통을 통해 체험합니다. 그러나 자신이 수용할 수 없는 사건, 그것에 대해서 단지 수동적일 수밖에 없는, 전적으로 다른, 더는 아무것도 할 수 없는, 그러한 사건과 관계하고 있다는 사실을 존재자는 또한 고통을 통해서 인식합니다. 죽음의 미래는 우리에게 미래를 규정해줍니다. 미래는 그것이 현재가 아닌 한에서 미래입니다. 만일 이러한 미래 개념을 토대로 시간을 이해한다면 시간을 '부동의 영원에 대한 유동적인 그림'으로 보는 일은 다시 없을 것입니다.*

---

*   플라톤의 《티마이오스》 37d에서 따온 표현이다. 조물주는 영원의 모습을 피조물들이 볼 수 있도록 낮과 밤, 달과 해로 시간을 나누어놓았다. 해와 달 그리고 천체의 운행은

만일 현재에서 모든 기대를 제거해버린다면 미래는 현재와의 어떠한 공통 본성도 가질 수 없을 것입니다. 미래는 미리부터 존재한 영원의 품속에 안겨 있는, 그래서 우리가 그곳에서 가져올 수 있는 것이 아닙니다. 미래는 절대적으로 다르고, 절대적으로 새로운 것입니다. 바로 이렇게 볼 때 참된 시간의 현실을 우리는 제대로 이해할 수 있습니다. 현재 안에서는 미래의 등가물을 절대 발견할 수 없을 뿐만 아니라 미래를 거머쥘 가능성이 전적으로 결여되어 있습니다.

　　자유를 지속을 통해 이해한 베르그송의 입장도 같은 목적을 가지고 있는 게 틀림없습니다. 하지만 이 입장에 따르면 현재에는 미래를 줄 힘이 있습니다. 지속은 곧 창조 행위입니다. 이렇게 죽음이 결여된 철학을 검토할 때, 이것을 단지 창조 행위를 피조물의 본질적 속성으로 삼는 현대철학의 흐름 안에 자리매김하는 것만으로는 충분하지 않을 것입니다. 창조 행위 자체가 벌써 신비에 대한 개방성을 전제하고 있다는 사실을 보여주어야 한다고 생각합니다. 주체의 자기 동일성으로는 이 개방성을 제공할 수 없습니다. 이 논제를 뒷받침할 수 있는 근거로서, 저는 말하자면 온 우주를 구성하는 익명적 존재, 떨쳐낼 수 없는 존재, 존재에 대한 존재자의 지배를 가능하게 하되 그러면서도 바로 그 때문에 공간적 초월을 통해서도

　　영원의 '그림'을 볼 수 있도록 해준다. 레비나스는 시간을 영원의 그림(모상)으로 보는 생각을 반대한다.

폐기할 수 없는 동일성의 결정적 요소에 밀폐되어버리는 홀로서기를 지목했습니다. 〔미래에 대한〕 기대의 사실성, 즉 베르그송의 시간 지속의 기술을 통해 우리가 익숙하게 알고 있는 그런 사실을 논박하자는 것이 아닙니다. 오히려 이러한 것의 존재론적 조건을 보여주는 것이 더 중요합니다. 이러한 조건은 신비와 관계해서 주체의 작업 이전에, 말하자면 자신에게 갇혀 있는 주체에게 스스로 열리는 차원을 말하는 것이라 할 수 있습니다. 이것이 바로 시간의 작업이 그토록 심오한 이유입니다. 시간의 작업은 단순히 창조에 의한 혁신이 아닙니다. 창조는 현재에 고착되어 있고, 피그말리온의 슬픔 외에 창조자에게 주는 것이 없습니다.* 시간은 우리의 영혼 상태, 우리 속성의 혁신 이상입니다. 시간은 본질적으로 새로운 탄생입니다.

---

* 피그말리온은 그리스신화에 나오는 인물로 직업은 조각가였다. 그는 상아로 여인상을 만들었는데, 흠잡을 데 없는 그 모습에 반하고 만다. 하지만 슬프게도 차가운 조각은 그의 사랑에 아무런 반응도 보이지 않는다. 레비나스는 이것을 일컬어 '피그말리온의 슬픔'이라 부른다. 신화에서는 피그말리온을 불쌍히 여긴 아프로디테(로마신화에서는 비너스)가 그 조각에 생명을 불어넣어준다.

할 수 있음과 타인과의 관계

시간에 대해 좀 더 기술해보겠습니다. 죽음의 도래와 죽음이 지닌 낯섦은 주체에게 어떠한 주도권도 허용하지 않습니다. 현재와 죽음, 자아와 신비의 타자성 사이에는 메울 수 없는 심연이 가로놓여 있습니다. 죽음은 존재에 종말을 가져온다는 둥, 죽음은 끝이고 무 無라는 둥 이러한 사실을 주장하고 싶지는 않습니다. 제가 주장하고자 하는 것은 죽음에 직면해서 자아는 주도권을 절대로 행사할 수 없다는 사실입니다. 죽음을 극복한다는 것은 영생의 문제가 아닙니다. 죽음을 극복한다는 것은 죽음이란 사건의 타자성과 더불어, 그럼에도 불구하고, 여전히 인격적이어야 할 관계를 유지한다는 말입니다.

그런데 이러한 인격적 관계, 세계에 대한 주체의 힘과는 전혀 다른 것이면서도 인격성을 유지하는 관계는 어떤 것일까요? 수동성의 상태에 어떤 방식으로든 머무는 주체를 어떻게 정의 내릴 수 있을까요? 남성적인 힘과 다른, **할 수 있음을 할 수 있음**^{pouvoir de}

pouvoir, 가능한 것의 장악과 〔구별되는〕 전혀 다른 지배가 사람에게 과연 있을까요? 우리가 만일 이것을 발견한다면 그곳은 시간과의 연계를 구성하는 관계가 있는 곳일 것입니다. 지난번 강의에서 저는 이러한 관계가 타인과의 관계라고 말했습니다.

그런데 문제의 용어를 반복하는 곳에 해답이 있는 것은 아닙니다. 타인과의 관계가 어떤 관계인가를 우리는 명확하게 제시할 수 있어야 합니다. 어떤 분이 반론을 제기했습니다. 내가 타인과 관계할 때 나는 단지 그의 미래만을 만나는 것이 아니며, 존재자로서의 타자는 나에 대해서 이미 과거를 가지고 있다, 따라서 타자만이 미래에 대한 특권을 가진 것이 아니라고 말이지요. 이러한 반론은 제 논의 가운데서도 가장 중요한 부분을 오늘 이 자리에서 다룰 기회를 제공해줍니다. 저는 타자를 미래를 통해 정의하지 않습니다. 오히려 미래를 타자를 통해 정의합니다. 왜냐하면 죽음의 미래 자체가 그것의 전적인 타자성에 있기 때문입니다. 그런데 저의 주된 답변은 이렇습니다. 타자와의 관계는 우리 문명이 도달한 수준에서 보면 우리의 원초적 관계가 복잡하게 얽힌 결과로 형성되었습니다. 그런데 복잡하게 얽힌 결과는 우연히 생긴 것이 아닙니다. 이 자체는 타인과의 관계의 내적 변증법에 토대를 두고 있습니다. 이것을 오늘 자세하게 논의할 수는 없습니다. 다만 지금 할 수 있는 말은 지금까지 매우 도식적으로밖에 다루지 못한 '홀로서기'에 함축된 바를 좀 더 밀고 나가보고, 특히 세계로 향한 초월 외에도 표현의 초월성이 문명의 동시대성과 전체 관계의 상호성에 토대를 제공해준다

는 사실을 보여준다면 이러한 변증법이 좀 더 분명하게 나타나리라
는 것뿐입니다. 이러한 표현의 초월성은 그 자체로 타자성의 미래
를 전제하고 있습니다. 여기서는 이것에 한정해서 논의를 좀 더 펼
쳐보겠습니다.

타자와의 관계가 신비와의 관계보다 더 많은 것을 담고 있다
면 그것은 일상생활 가운데서 우리가 타자를 만날 때 그의 고독과
타자성을 예절이라는 너울을 통해 이미 은폐한 채로 만나기 때문입
니다. 한 사람은 다른 사람에게, 다른 사람이 그 사람에게 관계하듯
그렇게 관계합니다. 여기에 주체를 위한 특별한 장소는 없습니다.
타자는 공감에 의해 또 다른 나 자신으로, 다른 자아l'alter ego로 인식
됩니다. 블랑쇼의 소설 《아미나답》에서는 이러한 상황을 부조리에
이르기까지 밀고 나갔습니다. 소설의 장면이 펼쳐지는 집에서 아무
일도 없는 사람들이 단지 머물기만 하는, 다시 말해, 단지 존재하기
만 하는 낯선 집 안을 돌아다니고 있는 사람들 사이에서 사회적 관
계는 전적으로 상호성의 관계가 됩니다. 존재물은 서로 바꿀 수 없
는데도 상호적입니다. 아니, 상호적이기 때문에 서로 바꿀 수 있게
된다 할 만합니다. 그 때문에 타자와의 관계는 전혀 불가능합니다.*

하지만 타자성은 우리의 사회적 관계의 특징이라 할 수 있는

---

*   레비나스는 타자와의 관계를 '상호성'의 관점에서 보지 않는다. 왜냐하면 '상호성'에는
      진정한 인격적 관계와 존경이 자리할 공간이 없다고 보기 때문이다. 타자와의 관계는
      오히려 '비대칭성'으로 규정된다.

타자와의 관계 한복판에서 이미 비상호적 관계로, 즉 동시성과 정반대의 관계로 모습을 드러냅니다. 타인으로서의 타인은 단지 나와 다른 자아가 아닙니다. 그는 내가 아닌 사람입니다. 그가 그인 것은 성격이나 외모나 그의 심리 상태 때문이 아니라 오직 그의 다름他者性 때문입니다. 그는 예컨대 약한 사람, 가난한 사람, '과부와 고아'입니다.* 하지만 나는 부자이고 강자입니다. 상호 주관적 공간은 대칭적이지 않다고 말할 수 있습니다.** 타자의 외재성은 개념적으로 동일한 것을 분리하는 공간이 있기 때문도 아니고 공간적 외재성으로 표현된 개념적 차이가 있기 때문도 아닙니다. 타자성의 관계는 공간적인 것도 아니고 개념적인 것도 아닙니다. 도대체 어느 정도 타인이 나 자신보다 먼저 덕스러운 행동의 대상이 되는지를 질문할 때, 뒤르켐은 이 타자의 특수성을 오해하고 있었습니다.*** 정의의 관점에서 볼 때는 어떤 무엇을 더 선호하는 것이 불가능하다고 할지라도 정의보다는 사랑을 더 우선시하는 점에서는 사랑과 정의 사이의 본질적 차이가 있지 않을까요?

---

*   구약성경에는 과부와 고아에 관한 언급이 자주 나온다. 〈출애굽기〉 22장 21절, 〈신명기〉 10장 18절, 24장 17절, 〈이사야〉 1장 17절, 9장 16절, 〈예레미야〉 7장 6절, 22장 3절 등. 이외에도 과부와 고아가 언급될 때 거의 언제나 '나그네(이방인)'와 '가난한 사람'이 함께 언급된다.

**   타자와의 관계, '비대칭성'에 관해서는 《전체성과 무한》 참조.

***   뒤르켐에 따르면 도덕성은 집단적인 것의 산물이다. 그러므로 인격과 인격 간의 얼굴을 마주한 관계로 볼 수 없다. 레비나스는 이 점을 문제 삼는다. 왜냐하면 도덕이 집단적인 것의 산물이라면, 도덕에는 타자의 타자성이 들어설 자리가 없기 때문이다.

타자와의 관계의 흔적들이 문명화된 삶 가운데 남아 있습니다. 이
것이 원래 어떤 형식으로 주어졌는지를 우리는 탐구해봐야 합니
다. 타자성이 순수한 상태로 나타나는 상황이 존재할까요? 타자성
이 타자에게 자신의 동일성의 다른 한 면 이상의 의미를 갖는 상황,
모든 항이 똑같은 내용을 갖는, 그래서 동일자가 타자를 내포하는
그와 같은 플라톤적 참여의 법칙만을 충족시키지 않는 상황이 과연
존재할까요? 어떤 존재가 타자성을 적극적인 이름으로, 자신의 본
질로 짊어지는 상황은 아예 없는 것일까요? 동일한 유類 안에서 두
종種의 대립으로, 순전히 그리고 단순하게 포섭되지 않는 타자성은
어떤 것일까요? 상반된 것에 대해 완벽하게 상반된 것, 그 상반성
이 그 자신과 상관자의 관계를 통해서 어떠한 영향도 받지 않는, 전
적으로 다른 것으로 남아 있도록 허용하는 상반성은 **여성적인 것**le
féminin이라고 저는 생각합니다.

성性은 어떤 종차種差의 차이가 아닙니다. 성은 유와 종으로

나누는 논리적 구분에만 머물지 않습니다. 이러한 구분은 경험적 내용과 결코 결합될 수 없습니다. 하지만 성의 차이를 완전히 무시해도 좋다는 뜻이 아닙니다. 성의 차이는 하나의 형식적 구조입니다. 하지만 이 형식적 구조는 현실을 파르메니데스가 선언한 존재 통일성과는 전혀 다른 의미로 재단하고 다원성으로서의 현실이 가능할 수 있는 조건을 제공해줍니다.

성의 차이는 또한 모순 관계가 아닙니다. 존재와 무의 모순은 하나를 다른 것으로 환원하므로 거리距離가 들어설 자리가 없습니다. 무는 다시 존재로 전환됩니다. 이러한 상황은 '있음'의 개념으로 우리를 이끕니다. 존재의 부정은 존재 일반의 익명적 존재 차원에서 일어납니다.

성의 차이는 상보적인 두 개념의 이원성도 아닙니다. 왜냐하면 두 개의 상보적 개념은 그것에 앞서 존재하는 전체를 전제하기 때문입니다. 성의 이원성이 전체를 전제한다는 말은 사랑을 하나의 융합으로 미리 설정해두는 것입니다.* 사랑이 감동적인 것은 넘어설 수 없는 이원성이 존재자들 사이에 있기 때문입니다. 이 이원성은 끝까지 지울 수 없는 관계입니다. 이러한 관계는 그 사실 자체로 타자성을 마비시키기는커녕 오히려 타자성을 보존합니다. 육체의 사랑이 그토록 감동적인 까닭은 둘만이 있다는 사실 때문입니다. 타자로서의 타자는 여기서 우리 것notre이 되거나 우리nous가 되는 대

---

*   플라톤의 《향연》에서 아리스토파네스의 입장이다.

상이 아닙니다. 타자는 오히려 이와는 반대로 신비 속으로 물러섭니다. 여성적인 것, 전적으로 다른 것으로서의 여성적인 것의 신비는 여성이 신비롭고, 알 수 없고, 오해된 존재라는 낭만주의적 여성 개념과는 아무런 관계가 없습니다. 제가 주장하는 바의, 여성적인 것이 존재 경제 안에서 차지하고 있는 독특한 위치에 대한 주장을 뒷받침하기 위해서, 만일 제대로만 이해된다면, 저는 단테와 괴테의 큰 주제였던 베아트리체나 '영원한 여성적인 것das Ewig Weibliche' 또는 중세 기사 시대와 현대 사회의 **여성** 숭배를 생각하거나(이것은 아마도 연약한 여성에게 강한 손을 펼쳐주어야 할 필요성만으로 설명할 수는 없을 것입니다만), 좀 더 엄밀하게는 놀랍게도 대담하게 쓴 레옹 블루아Leon Bloy의 《그의 약혼자에게 보내는 편지Lettres à sa Fiancée》를 생각할 수 있습니다.* 그럼에도 저는 문명의 경험을 모두 전제하고 있는 페미니즘의 정당한 주장을 전혀 무시하고 싶지 않습니다. 제가 말하고자 하는 것은 이러한 [여성적인 것의] 신비를 특정 문헌에서 찾아볼 수 있는 정신화된 의미로 이해해서는 안 된다는 것입니다. 여성적인 것의 외적 표현이 가장 거칠거나 가장 뻔뻔하거나 가장 무미건조한 물질성으로 나타난다고 하더라도, 그것이 지닌 신비와 그것의 수줍음은 결코 파괴되지 않습니다. 아무리 모독한다고 해도 신비는 부정되지 않습니다. 모독은 차라리 신비와 관계하는

---

* 레옹 블루아는 프랑스의 가톨릭 작가이고, 《그의 약혼자에게 보내는 편지》는 1922년에 출판되었다.

하나의 가능한 방식일 수 있습니다.

　　이러한 '여성적인 것' 개념에서 특히 중요한 것은 그것이 인식 불가능하다는 사실뿐만 아니라 빛을 벗어난 존재 방식을 가지고 있다는 것입니다. 여성적인 것은 존재 안에서 빛을 지향하는 공간적 초월이나 표현의 초월성과는 다른 사건입니다. 그것은 빛 앞에서의 도피입니다. 여성적인 것이 존재하는 방식은 자신을 감추는 것이고, 자신을 감춘다는 것이 바로 수줍음입니다. 그러므로 여성적인 것의 타자성은 단순히 대상의 외재성에 있지 않습니다. 이는 또한 의지의 대립을 통해 형성되지 않습니다. 타자는 우리와 맞서 있는, 그래서 우리를 위협하거나 우리를 차지하고자 하는 존재가 아닙니다. 타자가 우리의 힘에 저항적이라는 사실은 그가 우리보다 더 큰 힘을 가졌다는 뜻이 아닙니다. 그의 힘이 되는 것은 오직 타자성뿐입니다. 그의 타자성에 바로 그의 신비가 있습니다. 저는 애초에 타인을 자유로 설정하지 않습니다. 자유는 벌써 의사소통의 실패를 특성으로 안고 있습니다. 왜냐하면 자유에는 복종과 예속의 관계 외에 또 다른 관계가 있을 수 없기 때문입니다. 이 경우에는 어느 한쪽의 자유는 반드시 없어집니다. 주인과 노예의 관계는 투쟁의 차원에서 이해할 수 있습니다. 그러나 이것은 상호적이 되는 관계이기도 합니다. 헤겔은 어떻게 주인이 노예의 종이 되고, 노예가 상전에게 주인이 되는지를 정확하게 보여주었습니다.

　　타인의 타자성을 신비로서, 그리고 이 신비를 수줍음으로 정의할 때 나는 나의 자유와 동일한 자유로서, 그리고 나의 자유에 대항할 수 있는 자유로서 타인을 내세우지 않습니다. 나는 타인을 나와 맞서 있는 존재로 내세우지 않습니다. 나는 타자성을 내세웁니다. 죽음의 경우와 마찬가지로 한 존재자와 상관하는 것이 아니라 타자성의 사건, 낯섦의 사건에 관계합니다. 타자성의 특징을 가장 잘 그려내고, 그것에서 타자성을 추론할 수 있는 것은 자유가 아닙니다. 타자의 본질은 곧 타자성입니다. 그러므로 우리는 이 타자성을 절대적으로 근원적인 관계인 에로스에서 찾았습니다. 에로스는 '할 수 있음'으로 번역할 수 없는 관계이며, 그 상황의 의미를 그르치고자 하지 않는다면 구태여 그렇게 번역할 필요가 전혀 없는 관계입니다.

그러므로 우리는 지금 존재와 무의 대립 또는 존재자의 개념과는 도무지 어울리지 않는 하나의 범주를 묘사하고 있는 셈입니다. 그것은 존재 안에서 일어나는 사건이면서, 존재자의 출현을 가능케 하는 '홀로서기'와는 전혀 다른 사건입니다. 존재자는 '주체적으로', '의식' 안에서 자신을 실현하지만 타자성은 '여성적인 것'을 통해 자신을 실현합니다. [여성적인 것은] 의식과 같은 차원의 용어이지만 의식과는 대립되는 의미가 있습니다. 여성적인 것은 빛을 향한 초월 속에서 자신을 **존재자**로 실현하기보다는, 수줍음 pudeur 속에서 자신을 실현합니다.

그러므로 여기서 운동의 방향이 역전됩니다. 여성적인 것의 초월은 어디엔가 물러서는 데서 존립합니다. 이것은 의식의 운동과는 정반대 방향의 운동입니다. 그렇다고 해서 여성적인 것이 무의식적이거나 잠재의식적인 것은 아닙니다. 저는 이것을 '신비'라고 부르는 것 외에는 어떻게 달리 표현할 길이 없습니다.

　타인을 만일 자유로서 위치시키고 빛의 개념을 통해 그를 생각했더라면 의사소통의 실패를 인정하지 않을 수 없을 것입니다. 자유를 거머쥐거나 소유하고자 하는 움직임이 실패했다는 것을 저는 인정했습니다. 그러므로 에로스를 점령과 지배와 구별 짓는 것이 무엇인지 분명히 보여줄 때 에로스 안에서의 의사소통을 허용할 수 있을 것입니다. 여기에는 투쟁이나 융합, 지식이 개입하지 않습니다. 관계 가운데서도 에로스적 관계의 예외적인 위치를 우리는 인정해야 할 것입니다. 그것은 타자성과의 관계요, 신비와의 관계입니다. 말하자면 미래와의 관계요, 모든 것이 현존해 있는 세계 안에서는 결코 현존해 있지 않는 것과의 관계요, 모든 것이 현존해 있을 때는 그곳에 있을 수 없는 것과의 관계입니다. 이 관계는 현존하지 않는 존재와의 관계가 아니라 타자성〔즉 다름〕의 차원 자체와의 관계입니다. 가능한 것이 모두 불가능해지고 할 수 있음을 더는 할 수 없는 곳, 그곳에서도 주체는 에로스에 의해 여전히 주체입니다. 사랑은 하나의 가능성이 아니며 우리의 주도권에 의존하지 않습니다. 사랑은 아무런 이유가 없이 존재하고 우리를 엄습하고 우리에게 상처를 줍니다. 그럼에도 **자아**는 그 가운데서 보존됩니다.

　잠시 언급하고 지나갈 수밖에 없습니다만 성욕의 현상학은 제가 주장한 여성적인 것의 역할과 그것의 예외적인 위치, 그리고 성행위에서 완벽하게 하나 됨의 융합이 부재한다는 사실을 확증해주는 듯합니다. 성욕은 먹고 마시는 것처럼 홀로 즐기는 쾌락이 아니기 때문에 여타의 쾌락과는 동일하지 않습니다.

애무는 주체의 존재 방식입니다. 애무를 통해 주체는 타자와의 접촉에서 단지 접촉 이상의 차원으로 넘어갑니다. 감각 활동으로서의 접촉은 빛의 세계의 일부를 형성합니다. 하지만 올바르게 말하자면 애무를 받는 대상은 손에 닿지 않습니다. 이러한 접촉에서 주어지는 손의 미지근함이나 부드러움이 애무에서 찾는 것은 아닙니다. 애무의 추구는 애무가 찾는 것이 무엇인지 모르고 있다는 사실을 그 본질로 구성합니다. '모른다'는 것, 근본적으로 질서 잡혀 있지 않음, 이것이 애무에서 본질적입니다. 애무는 마치 도망가는 어떤 것과 하는 놀이, 어떤 목표나 계획이 없이 하는 놀이, 우리 것과 우리 자신이 될 수 있는 무엇과 하는 놀이가 아니라 다른 어떤 것, 언제나 다른 것, 언제나 접근할 수 없는 것, 언제나 미래에서 와야 할 것과 하는 놀이처럼 보입니다. 애무는 아무 내용 없는, 순수한 미래를 기다리는 행위입니다. 애무는 거머쥘 수 없는 것에 대한 새로운 전망을 열어주는 배고픔의 증대, 점점 더 풍요로워지는 약속으로 가득 차 있습니다. 애무는 헤아릴 수 없는 배고픔을 먹고 삽니다. 미래 사실에 대한 기다림이 아닌, 성욕의 지향성과 미래 자체의 독특한 지향성을 철학적 분석에서는 언제나 오해했습니다. 프로이트도 리비도를 말하긴 하지만 리비도는 쾌락을 추구한다는 것, 쾌락을 단순한 내용 정도로 보고 그것을 출발점으로 사람들이 분석을 시작하되 그 자체는 분석 대상으로 삼지 않는다는 것 외에 그가 리비도에 대해서 말해주는 것은 별로 없습니다. 존재의 일반 경제 안에서 이러한 쾌락이 가진 의미를 프로이트는 추구하지 않습니다. 저는 성욕이 모든 내용에서 정화된 미래의 진정한 사건이요, 진정한 미래, 진정한 미래의 신비라고 주장하고 성욕이 지닌 예외적인 위치를 설명하고자 합니다.

에로스를 통한 타자와의 관계를 실패라고 특징지을 수가 있을까요? 현재 유행하는 서술들의 용어를 수용하여 에로스를 '장악', '소유' 또는 '지식'으로 규정한다면 '그렇다'고 또다시 말할 수밖에 없습니다. 그러나 이와 같은 실패는 에로스 가운데 존재하지 않습니다. 타인을 소유하고, 장악하고 인식할 수 있다면 그는 더는 타인이 아닙니다. 소유, 인식, 장악은 '할 수 있음'과 같은 말입니다.

그런데 타자와의 관계는 대개 하나의 융합[하나 됨]으로 추구됩니다. 타자와의 관계를 하나의 융합으로 보는 관점은 바로 제가 반대하고자 하는 관점입니다. 타인과의 관계는 타자의 부재입니다. 이것은 단순한 부재, 순수 무無의 부재가 아니라 미래 지평에서의 부재, 시간으로서의 부재입니다. 이러한 지평은 우리가 앞에서 죽음에 대한 승리라고 부른, 그러한 초월적 사건 가운데서 인격적 삶을 형성하는 지평입니다. 이제 마지막으로 이것에 관해 몇 마디 더 해보겠습니다.

이제 제가 죽음의 타자성에서 여성적인 것의 타자성으로 관심을 돌리게 했던 그 문제로 되돌아가봅시다. 〔죽음이라는〕 하나의 순수사건, 그 순수 미래 앞에서 자아는 아무것도 할 수 없습니다. 즉, 더는 자아일 수 없는 상황에 놓이게 되는데, 우리는 이런 상황에도 불구하고 자아가 자아로 남을 수 있는 상황을 찾으려고 노력했고, 그 상황을 '죽음에 대한 승리'라고 불렀습니다. 다시 한번 강조합니다. 이러한 상황은 '할 수 있음pouvoir'을 통해 그 성격을 그려낼 수 없습니다. 어떻게 해야 너의 타자성 안에 있는 내가 네 안에 흡수되지도 나를 잃지도 않으면서 나로 남아 있을 수 있을까요? 어떻게 해야 자아는 나의 현재 속에 머물러 있거나 자신에게 운명적으로 되돌아오지 않은 채, 네 안에서 나로 남을 수 있을까요? 어떻게 자아는 자신에게 타자가 될 수 있을까요? 유일한 방법은 바로 아버지가 되는 것입니다.

아버지로 존재하는 것paternité, 그것은 전적으로 다른 존재자이면서 동시에 나인 '낯선 이'와 관계하는 것입니다. 나 자신에 대한 나의 관계는 그럼에도 내게 낯선 것입니다. 왜냐하면 아들은 마치 내가 쓴 시나 내가 만든 물건처럼 간단히 '나의 작품'이라고 말할 수 있는 것이 아니기 때문입니다. 자식은 나의 소유물도 아닙니다. 능력(할 수 있음)의 범주나 소유의 범주로 아이와의 관계를 보여줄 수 없습니다. 원인의 개념이나 소유의 개념으로는 생산성의 사실을 파악할 수 없습니다. 나는 나의 아이를 **가지고** 있지 않습니다. 어떤 특정한 방식으로 나는 나의 아이**입니다**. 단지 여기서 '나는 이다je suis'라는 낱말은 엘레아 학파나 플라톤 학파의 의미와 전혀 다른 의미를 가지고 있을 뿐입니다. '존재한다〔이다〕exister'라는 동사에는 일종의 다수성과 초월성이 내포되어 있습니다(이러한 초월성은 가장 참신하고 독창적인 실존철학적 분석조차 간과한 것입니다). 게다가 아들은 나의 슬픔이나 나의 시련, 나의 고통처럼 나에게 일어나는 사건이라고 할 수도 없습니다. 아이는 하나의 자아이며, 인격입니다. 끝으로, 아들의 타자성은 '또 다른 자아l'alter ego'의 타자성과 같다고 할 수 없습니다. 아버지로 존재한다는 것은 나 자신을 나의 아이 안으로 옮기는 그러한 〔감정이입의〕 공감이 아닙니다. 내가 나의 아들로 존재한다는 것은 나의 존재를 통해서지 공감을 통해서가 아닙니다. '홀로서기'와 더불어 시작하는 나의 자기로의 복귀는 에로스를 통해 열리는 미래의 전망 덕분에 용서rémission의 여지를 얻게 됩니다. 이 용서는 〔애초에〕 불가능한 홀로서기의 폐기dissolution가 아니라 아들을 통해서 실현됩니다. 따라서 자유와 시간의 완성은 원인의 범주가 아니라 아버지의 범주에 의해 이루어집니다.

베르그송의 '생의 약동élan vital' 개념은 예술적 창조와 출산(이것을 우리는 생산성이라고 불렀습니다)을 동일한 운동으로 혼동합니다. 이 개념은 죽음에 대한 고려를 전혀 하지 않을 뿐 아니라 우리의 변증법에서 불가피한 계기인 주체성의 고립과 수축crispation을 충분히 드러내지 않는 비인격적인 범신론으로 빠집니다. 아버지의 존재는 단순히 아들 안에서 아버지를 다시 새롭게 하고 아들과 하나 되는 것이 아닙니다. 아버지의 존재는 아들과의 관계에서 아버지도 외재적 존재임을, 다원적 존재임을 말해줍니다. 자아의 생산성은 그것의 존재론적 가치로 평가되어야 합니다. 그런데 지금까지 이러한 평가는 전혀 없었습니다. 생산성이 생물학적 범주로 이해되고 있다고 해도 이 개념이 지닌 의미의 역설, 심지어는 심리학적 의미를 지워버리지는 못합니다.

저는 죽음의 개념에서 시작했습니다. 그리고 여성적인 것의 개념을 통해 아들의 개념에 도달했습니다. 저는 현상학적인 방식을 따르지 않았습니다. 논의는 오히려 변증법의 방식으로 전개되었습니다. 홀로서기의 동일성, 자아의 자기 자신에의 매임l'enchaînement du moi au soi에서 시작하여 이러한 동일성의 보존으로, 존재자의 보존으로, 그럼에도 자기로부터 해방되는 자아로 논의가 전개되었습니다. 제가 분석한 구체적 상황들은 이러한 변증법의 실현을 보여줍니다. 그 사이에 있는 것들이 물론 많이 생략되었습니다. 죽음, 성性, 아버지의 존재 ― 이러한 상황 속에서는 완전히 배제된 개념인 '할 수 있음'과 관계해볼 때 비로소 하나의 통일성을 확보할 수 있음이 지금까지의 논의를 통해서 드러났습니다.

제 주목적이 바로 이것이었습니다. 제가 특별히 하고자 했던 것은 타자성이 단순히 그리고 순전히 나의 자유와 나란히 놓인 자유를 가진 다른 존재도 있다는 사실이 아님을 보여주는 것이었습니다. 나에게는 전적으로 낯설며 나와 아무 관계가 없는 그러한 자유에 대해서 나는 힘을 가집니다. 다수의 자유의 공존은 각자 하나하나의 존재는 건드리지 않는 다수성입니다. 이와 같은 다수성은 하나의 일반의지volonté générale로 뭉칠 수 있습니다. 성, 아버지의 존재, 죽음은 각 주체의 존재 자체와 관계된 이원성을 존재 안에 도입합니다. 존재 자체가 둘로 늘어납니다. 이로써 엘레아적인 존재 개념이 극복되었습니다. 시간은 존재가 타락한 형식이 아니라 존재 사건 자체입니다. 엘레아적 존재 개념은 플라톤 철학을 지배했습니다. 그리하여 다수는 하나에 종속되고 여성적인 것의 역할은 수동성과 능동성의 범주로 사유되었으며, 그 결과 물질로 환원되고 말았습니다. 플라톤은 그의 특정한 에로스 개념에도 여성적인 것을 넣지 않았습니다. 플라톤은 그의 사랑의 철학에서 오직 사랑의 대상이 될 수 있는 이데아에 보기를 제공해주는 역할만을 여성적인 것에 부여할 따름이었습니다. 한 사람과 다른 사람의 관계에서 매우 특이한 점을 그는 전혀 보지 못하고 지나쳐버렸습니다. 플라톤은 이데아 세계를 반영할 수 있는 공화국을 구상했습니다. 그는 빛의 세계, 시간이 없는 세계의 철학을 했습니다. 플라톤 이후부터 사람들은 사회적인 것의 이상을 융합의 이상에서 찾았습니다. 그래서 주체는 타자와의 관계에서 타자를 자신으로 동일시하는 경향이 있고 그리하여 집단적 표상이나 공동의 이상을 갖게 된다고 사람들은 생각했습니다.* [이렇게 형성되는 집단성은] '우리'라고 말하는 집단성이고, 인식 가능한 태양이며, 진리로 향하면서 타자를 자신과 얼굴과 얼굴을 맞댄 존재로 보지 않고 단지 자신과 나란히 있는 자로 인식하는 집단성이요, 매개자로서 역할하는 제삼자를 중심으로 필연적으로 형성되는 집단성입니다. [하이데거의] 서로 함께 있음도 '함께'의 집단성에 머물러 있습니다. 이는 본래적 형식 안에서 스스로 드러내는 진리 주변에 모여 있는 집단성, 즉 어떤 공통적인 것을 중심으로 한 집단성입니다. 여타의 공동체 철학이 모두 그렇듯이 하이데거에게서도 사회성은 홀로 있는 주체에게서 발견되며 고독이란 개념을 통해서 그 본래적 존재에서의 현존재 분석이 수행됩니다.

　　어깨를 나란히 한 côte-à-côte 집단성과는 반대로 저는 '나-너 moi-toi'의 집단성을 제시하고자 노력했습니다. 하지만 이것은 부버 Martin Buber와는 다른 의미를 가지고 있습니다. 부버에게서는 상호성이 두 개의 독립된 자유를 연결하고 있을 뿐 고립된 주체성의 불가

---

*　　'집단적 표상'은 뒤르켐과 레비브륄 등 사회학자와 인류학자들이 사용한 개념이다.

피한 성격이 과소평가되고 있습니다.* 저는 미래의 신비로 향한 현재의 시간적 초월을 탐구해보고자 했습니다. 이 초월은 인격이든, 진리이든, 어떤 일이든, 또는 어떤 직업이든 간에, 〔집단을 매개해 줄 수 있는〕 어떤 제삼자에 참여하는 것이 아닙니다. 공유 없는 집단성입니다. 이러한 집단성은 매개자 없이 얼굴과 얼굴을 마주한 관계이며, 이러한 관계는 에로스를 통해 우리에게 제공됩니다. 여기에는 타자의 가까움 가운데서 전적으로 거리가 유지되며, 그러한 가까움과 이원성, 이 둘로부터 에로스의 감동적인 측면이 형성됩니다.

사랑 안에서 의사소통의 실패로 제안된 것이야말로 이 관계가 안고 있는 긍정적인 측면을 구성합니다. 그러한 타자의 부재는 정확하게 말해서 타자로서의 그의 현존입니다. 플라톤의 세계인 코스모스와 맞서서 정신l'esprit의 세계가 있습니다. 이 세계에서는 에로스가 함축하는 의미를 유類의 논리로 환원하지 않고 자아le moi는 동일자le même를, 타인autrui은 타자l'autre를 대치합니다.

---

*   레비나스는 부버의 '나와 너' 관계를 상호성과 형식성에 근거한 개념으로 이해하고, 여기에는 형식적 상호 관계가 있을 뿐 진정으로 윤리적인 관계는 없다고 본다. 좀 더 자세한 것은 레비나스와 부버의 대화, E. Levinas, *Noms Propres*(Fata Morgana, 1976), 51~55쪽 참조.

레비나스의 초기 철학과
《시간과 타자》

레비나스 철학의 근본 물음

에마뉘엘 레비나스(1906~1995)는 유대인 출신으로 가장 독창적인 20세기 프랑스 철학자 가운데 한 사람이다. 24세가 되던 1930년에 〈후설의 현상학에서의 직관 이론〉이란 논문으로 박사학위를 받았고 그 뒤로는 주로 후설과 하이데거의 현상학을 프랑스에 소개하는 일을 했다. 장 폴 사르트르도 레비나스와 파이퍼가 함께 번역한 후설의 《데카르트적 성찰》과 레비나스의 박사학위 논문을 읽고 후설 철학에 입문했다. 그러나 1930년대 중후반부터 레비나스는 그의 스승들과는 다른 길을 걷기 시작한다. 그가 필립 네모와의 대담에서 "사유는 충격과 망설임에서 시작한다"고 말한 것처럼 국가사회주의의 출현과 2차 세계대전의 경험은 그의 철학 형성에 결정적인 영향을 미쳤다.* 레비나스는 그 자신이 독일군의 포로가 되었을 뿐아니라 그의 부모와 형제, 동족 유대인의 죽음을 경험했다.

    20세기 유럽 사회의 혼란은 레비나스 삶에 끊임없는 충격을 줬다. 레비나스는 어릴 때 러시아혁명을 경험했고 1930년대에는 나치의 등장을 보았고 1940년대 초반에는 유대인으로 2차 세계대전을 경험했다. 그는 "전쟁 상태는 도덕을 중지시킨다"고 말한다. 전쟁 상태에서는 가족 제도, 교육 제도 등이 초토화될 뿐 아니라 부모에 대한 의무, 이웃에 대한 의무, 종교적 의무와 명령조차 지킬 수 없다. 오직 살아남기 위한 노력만이 있을 뿐이다. "전쟁은 또한 그 누구도 거리를 둘 수 없는 하나의 명령을 구성한다. 따라서 전쟁 속에서는 그 어떤 것도 외재적이지 않다. 전쟁은 외재성을 드러내지 않으며 타자를 타자로서 드러내지도 않는다. 전쟁은 동일자의 동일성을 파괴한다"고 레비나스는 말한다. 전쟁에는 외재성의 가능성이 없다. 이로부터 타자가 타자로서 존재할 공간이 없어질 뿐 아니라 동일자의 동일성도 깨지고 만다. 이어서 레비나스는 "전쟁이 보여주는 존재의 얼굴은 서양철학을 지배해온 전체성이라는 개념 속에 고착되어 있다"고 말한다. 여기서 전쟁과 서양철학의 유사성을 보게 된다. 전쟁이 도덕의 가능성을 열어주지 않고 모든 것을 전체화해버리듯이 서양철학도 전체주의적 경향을 안고 있다는 것이 레비나스의 생각이다. 예컨대 '자연', '역사', '물질', '신', '자아' 또는 '힘에의 의지'는 모든 것을 통일하고 설명하고자 한 서양철학의 전

*   에마뉘엘 레비나스, 김동규 옮김, 《윤리와 무한: 필립 네모와의 대화》(도서출판100, 2020), 13쪽.

체성의 이념이다. '존재의 진리'에 인간을 종속시키고자 애썼던 하이데거의 철학도 전체성의 이념에 의해 주도되는 철학이라고 레비나스는 생각했다. 전체성의 이념에 지배되는 전쟁의 철학에 대항해서 레비나스는 어떤 무엇으로 환원할 수 없는 개인의 인격적 가치와 타자에 대한 책임을 보여주는 평화의 철학을 세워보고자 애썼다.

레비나스의 철학을 우리는 3단계로 나누어볼 수 있다. 이는 각각 《탈출에 관해서De l'évasion》(1935, 단행본으로는 1982년 출판)에서부터 시작하여 《존재에서 존재자로》(1947)와 이 책 《시간과 타자》(1947, 단행본으로는 1979년 출판)에 이르기까지 이른바 '존재론적 모험'을 시도한 시기, 《전체성과 무한》(1961)을 정점으로 한 타자의 얼굴에 책임지는 다원론적인 주체철학의 시기, 데리다의 비판을 수용한 나머지 형이상학적 언어를 벗어나 훨씬 더 자신의 배경인 유대교적 언어를 적극적으로 사용한 《존재와 달리 또는 존재성을 넘어》(1974) 전후와 그 이후 시기로 잡아볼 수 있다. 물론 이 가운데 동일한 주제가 반복된다. 《시간과 타자》는 《탈출에 관해서》와 《존재에서 존재자로》와 함께 레비나스의 초기 철학을 마감하는 자리에 서 있는 저작이다.

《시간과 타자》는 레비나스의 다른 저작과 달리 대중 철학 강의의 산물이다. 다른 저술보다 밀도가 떨어지는 듯 보이지만 오히려 이 때문에 더 생생한 그의 목소리를 들을 수 있을 뿐 아니라 생각의 흐름을 훨씬 명료하게 볼 수 있는 장점이 있다. 레비나스가 '존재론적 모험'이라고 부른, 존재에서 존재자(주체)로, 다시 존재자

(주체)에서 타자로의 이행이 이 작품에서 뚜렷하게 드러난다. 《존재에서 존재자로》에서 플라톤의 표현을 빌려 레비나스가 자신의 철학 모토로 삼은 "존재 저편 너머epekeina tês ousias" 선善의 이념을 향해 나아가는 여정이 《시간과 타자》에 훨씬 더 선명하게 그려진다. 이 해설은 존재에서 존재자로, 다시 존재자에서 타자로 이행(초월)해 가는 과정을 이해하는 일에 도움이 되는 방식으로 진행해보겠다.

레비나스는 존재에서 존재자로, 존재자에서 타자로 이행 또는 초월해가는 과정을 기술하기 위하여 '전체성과 무한', '동일자(자기)와 타자', '통일성과 다원성', '내재성과 외재성', '내재와 초월', '존재와 존재와 다른 것', '존재론과 형이상학' 등 몇 가지 대립하는 낱말 짝을 동원한다. 각각 짝이 되는 말을 분리하면서도 이것들의 상호 관계를 보임으로써 레비나스는 진정한 삶이 부재하는 현실 가운데서 존재를 넘어 존재 저편에서 참된 현실을 찾아보려 애쓴다. 이를 통해 레비나스는 반反파르메니데스적인 형이상학을 전개한다. 《전체성과 무한》은 이러한 노력을 "형이상학이 존재론에 앞선다"는 논제로 표현한다.* 파르메니데스부터 하이데거에 이르기까지 서양철학은 '동일자에 의한 타자의 흡수'를 겨냥하는 '존재론'이었다. 존재론을 극복할 수 있는 '타자의 형이상학'이 그 대안으로 나왔다. 타자의 형이상학을 구체화하기 전 레비나스는 존재에

---

* 에마뉘엘 레비나스, 김도형, 문성원, 송영창 옮김, 《전체성과 무한》(그린비, 2018), 41쪽.

서 존재자로, 존재자에서 타자로의 이행을 서술한다. 앞에서도 말했듯이 이것을 레비나스는 '존재론적 모험'이란 이름으로 서술해 보인다. '존재론적 모험'을 추적해보면 현대철학에서 거론되는 주체성의 문제, 전체주의적 존재론의 해체, 존재의 다원성, 인식과 권력의 상관 관계, 욕망의 중심성을 곳곳에서 만날 수 있다. 익명적 존재로부터 주체의 출현을 묘사하는 부분에서 여실히 나타나듯 레비나스는 전통적인 주체 개념을 철저히 해체한다. 그럼에도 레비나스는 자신의 철학을 '주체성의 변호'라고 할 정도로 누구보다 강하게 '주체성'을 변호한다. 그가 이해하는 주체성은 존재를 소유하고 지배하고 관리하고 이용하는 주체의 주체성이 아니라 타인을 수용하고 환대하는 주체의 주체성(《전체성과 무한》), 타인의 고통을 대신 짊어지고 고통받는 타인을 대리하는 주체의 주체성(《존재와 달리 또는 존재성을 넘어》)이다.

존재론적 차이와 분리

레비나스 철학을 이해하는 첫걸음은 그와 하이데거의 차이를 살펴보는 것이다. 이 가운데 가장 두드러진 것이 존재 개념이다. 레비나스는 하이데거에게 '존재자 없는 존재'가 허용될 수 없다고 보았다. 왜냐하면 존재에 접근하는 방식은 존재자(현존재)의 존재 이해를 통해 가능하다고 하이데거는 생각했기 때문이다. '현존재가 존재하는 한, 존재는 존재한다'는 것이다. 존재는 존재 이해의 존재적 가능성에 의존해 있다. 따라서 존재와 존재자 사이에는 일종의 비대칭성이 존재한다. 존재와 존재자는 분리할 수 없고 '존재'는 항상 '존재자의 존재'이다. 따라서 '존재한다' 또는 '존재하지 않는다'는 술어는 현존재가 존재하지 않는 한 진술될 수 없고 진술된다고 해도 이해될 수 없다. 그러므로 '존재자 없는 존재'를 하이데거는 생각할 수 없었다고 레비나스는 이해한다.

존재자 없는 존재: 익명적 존재 il y a

하이데거와는 반대로 레비나스는 존재의 근원적, 일차적 의미를 '존재자 없는 존재'를 통해 드러내 보이고자 한다. 존재와 존재자는 하이데거의 경우처럼 존재론적으로 '구별'될 뿐만 아니라 '분리'된다는 사실을 강조한다. 문제는 '존재자 없는 존재', '주체 이전의 존재'를 어떻게 드러낼 수 있느냐는 것이다. 레비나스는 후설을 원용하여 일종의 '상상적 환원'을 시도한다. 그래서 "모든 사물, 모든 사람, 존재하는 모든 것이 무無로 돌아갔다고 상상해보십시오"(45쪽)라고 제안한다. 나에게 익숙한 사물이 모두 사라지고 사물을 보게 하는 빛조차 사라진다면 어둠 속에 무엇이 존재하는가? 모든 것이 다 없어져버린 다음 남는 것은 무엇인가? 모든 것이 다 없어지면 무만 남는다. 그렇다면 무는 비존재인가? 무는 '없는

것'이 아니다. 다만 '이것' 또는 '저것'이라고 규정할 수 있는 것이
아닐 뿐, '없는 것'이라고 할 수 없다. 어떤 것이 아니면서, 그렇다
고 없다고 할 수 없는 그러한 '무'를 우리는 어디서 경험하는가? 레
비나스는 밤의 경험을 예로 든다. 《존재에서 존재자로》에서 레비나
스는 이렇게 말한다.

사물의 모습이 어둠 속에 사라질 때, 대상도 아니며 대상의 성질도
아닌 캄캄한 밤이 마치 현전하는 것처럼 찾아든다. 우리가 묶여 있
는 밤 그곳에서 우리는 '무無'와 관계한다. 이 무는, 그러나 단순한
비존재의 무가 아니다. 여기에는 '이것' 또는 '저것'이 존재하지 않
으며 '어떤 것'이라 할 수 있는 것이 없다. 이 보편적 부재성은 우리
가 절대로 벗어날 수 없는 하나의 현전présence이다. 이 현전은 부재의
변증법적 대립항이 아니며 우리는 그것을 사유 속에서 파악하지 못
한다. 그것은 직접적으로 그렇게 존재한다 (…) 마치 '비가 내린다il
pleut', '날씨가 덥다il fait chaud'라고 하는 것처럼 비인칭적 모습으로
그것은 그렇게 '있다il y a'. 본질적 익명성. 정신은 자신이 수용할 수
있는 외적인 것에 마주서 있지 않다. 외적인 것은 (만일, 이 용어가 허
용된다면) 내적인 것과 관계없이 존재한다. 주어진 것도 없고, 세계
도 없다. 자아라고 부르는 것도 어둠에 뒤덮이고, 사로잡히며, 인격
을 빼앗기고, 질식한다. 사물과 자아의 사라짐은 사라질 수 없는 것,
좋든 싫든 어쩔 수 없이, 익명적으로 사람이 참여할 수밖에 없는 '존
재한다는 사실 자체le fait même de l'être'로 귀결된다.*

밤을 통해서 하는 존재 경험은 이것과 저것을 분간할 수 없을 정도로 사물의 형태가 어둠 속에 감추어지는 경험으로 나타난다. 밤은 '주체 이전의' 이러한 익명적, 중립적 존재 경험이다. 밤은 그러나 순수 무가 아니라 오히려 부재의 현존이다. '밤의 공간'은 어둠으로 가득 찬 공간이다. 그곳에는 세계도 없고 주체도 없다. 여기서 존재는 "하나의 힘의 마당으로, 아무도 속하지 않은 에워쌈으로 남아"** 있다.

'존재'에 이르는 또 다른 통로로 레비나스는 불면의 경험을 든다. 《시간과 타자》에서도 불면과 관련해서 '깨어 있음'을 논의하고 있지만 《존재에서 존재자로》에서 레비나스는 불면의 경험을 더 자세하게 논의한다. 잠들지 못하고 깨어 있는 상태는 어떤 무엇을 지키기 위한 것이 아니라 지킬 것이 아무것도 없는데도 깨어 있는 상태다. 깨어 있음은 그러므로 의식적인 주시注視와는 다르다. 주시할 때는 내적 또는 외적 대상이 있지만 깨어 있는 상태에는 대상이 없다. 안과 밖, 이것과 저것의 구별 없이 텅 빈 허공만 마주할 뿐이다. 깨어 있음에는 자기 자신을 내세울 주체가 없다. 주체는 현존 자체, '존재 자체'에 에워싸여 있을 따름이다. 여기에는 시작도 없고 끝도 없으며, 존재한다고는 하지만 누구의 존재도 아니다. '존재'는 그러므로 주체 없는 존재, '존재자 없는 존재'에 지나지 않는

*   에마뉘엘 레비나스, 서동욱 옮김, 《존재에서 존재자로》(민음사, 2003), 93~94쪽.
**   앞의 책, 94~95쪽.

다. 자신을 향해 '나'라고 부를 수 있는 존재자의 부재가 레비나스가 말하는 '존재 사건'의 특징이다.

깨어 있음의 분석을 통해서 주체가 매우 역설적인 상황에 처해 있다는 사실이 드러난다. 주체는 무의미한 깨어 있음 속에서 자신을 상실한다. 다른 한편으로 주체는 깨어 있음을 몸으로 스스로 체험하는 존재 경험의 '담지자'다. 이때 주체는 자기 상실(탈인격화, 탈개체화)을 스스로 의식한다. 스스로 의식하면서 어떻게 자신에게 돌아가지 못하고 깨어 있을 수 있는가? 주체는 어떻게 자기 상실을 체험하면서 그 상태를 벗어날 수 없는가?

레비나스는 주체의 성립 과정을 익명적 혼돈 상태인 '존재자 없는 존재', 곧 '존재한다'는 동사로부터 '존재자'라고 일컬을 수 있는 명사적 존재가 출현하는 것으로 이해한다. 명사적 존재자의 출현, 다시 말해 주체의 출현을 레비나스는 전통철학에서 '실체substance'의 뜻을 가진 '이포스타즈hypostase'란 용어를 도입하여 그려낸다. 이 책에서는 '홀로서기'라고 번역한 용어다. 레비나스가 이 단계에서 말하는 이포스타즈의 주체, 곧 홀로서기의 주체는 존재의 익명성을 벗어나 자기 자신의 존재 노력을 실현하는 주체다. 레비나스가《존재에서 존재자로》에서 한 말을 다시 들어보자.

이름없는 '있음il y a' 속에 자리함la position으로써 주체는 자신을 세운다. 세움affirmation은 어원적인 의미에서 견고한 자리 위에, 기초, 조건, 기반 위에 자리 잡는다, 확립한다는 말이다. '존재'의 익명적인 깨어 있음으로부터 스스로 해방된 주체를 우리는 사유나 의식 또는 정신으로 보지 않는다. 우리의 연구는 자아를 세계와 대립된 것으로 놓는 과거의 도식에서 출발하지 않는다. 오히려 이보다 훨씬 더 일반적인 사실, 곧 '비인격적인' 존재(이 존재는 순수한 동사이기 때문에 엄격한 의미에서는 전혀 이름 부를 수 없다)의 한가운데서 명사적인/실체적인 것 le substantif, 곧 한 존재자가 스스로 출현한다는 사실의 의미를 우리는 확인하고자 한다 (…) 우리가 찾았던 것은 바로 명사적인/실체적인 것의 출현이다. 이 출현을 지칭하기 위해 우리는 '홀로서기 hypostase, 실체'란 개념을 다시 사용하였다. 이 개념은 철학사에서 동사를 통해 표현된 행위가 명사적인/실체적인 것을 통해, 이름 가진 존재자가 되는 사건을 의미하였다. '홀로서기', 즉 명사적인 것의 출현은 새로운 문법적인 범주의 출현만이 아니다. 그것은 익명적인 '있음 il y a'의 중지이며 개인적인 영역의 출현, 즉 이름의 출현이다. '존재'를 바탕으로 존재자가 일어선다. '홀로서기'를 통해 익명적인 존재는 그것의 '있음 il y a'의 성격을 상실한다.*

레비나스의 '홀로서기'로서의 주체는 존재의 익명성에 매몰되지 않고 존재를 자기의 것으로 소유한다. 주체는 익명적인 존재의 속성에서 존재를 자신의 속성으로 만든다. 존재는 주체의 출현

---

*   앞의 책, 138~139쪽.

으로 더는 이름과 얼굴 없는 존재, 시작과 끝이 없는 존재가 아니라 주체의 소유가 된다.

홀로서기의 주체를 하이데거가 현존재를 서술한 방식과 비교해보자. 현존재는 '실존', 곧 자기 '밖에 서는 존재(탈자적 존재)'요, 세계 안에서 심려하는 존재다. 현존재는 자기 자신을 떠나, 밖으로, 세계로 향해 초월하는 존재다. "'[자기] 밖에 서기'는 존재 사건 자체"*라고 하이데거는 말한다. 레비나스는 주체가 '밖에 서기'로 존재한다는 사실을 부인하지 않는다. 그러나 그의 물음은 '밖에 서기'가 과연 주체의 근원적인 존재 방식인가 하는 것이다. 주체의 근원적인, 일차적인 존재 방식은 '밖에 서기'보다 오히려 '홀로서기'로 보아야 한다고 레비나스는 생각한다. 안으로의 운동, 내재성의 성립이 선행된 다음 안에서 밖으로의 초월이 가능하다고 보았기 때문이다. 주체는 그 자체로 존재할 때, 존재의 혼돈 속에서 명사적인(실체적인) 존재로 홀로 설 수 있을 때, 그때 비로소 자신의 존재실현을 위해, 밖으로의 초월을 시도할 수 있다는 것이다.

홀로서기의 주체는 자기 자신에게서 '시작'하는 주체다. 주체는 앞에서 소개한 대로 이포스타즈, 곧 순간 '아래 서서' 순간을 자신의 어깨에 '짊어지는' 존재다. 주체는 '존재'의 중립적인 비시간성에 대항하여 스스로 시작함으로써 '순간'을 만들고 순간에 이름을 부여한다. 현재, 곧 순간으로서의 현재는 과거와 미래와 관계

---

*   앞의 책, 139쪽.

하기 전에 주체가 자기 자신에 현존하는 순간이다. 순간으로서의 현재는 '주체의 실현'이다. 자기 자신에의 현존, 자기 자신에 대한 관계, 자기 자신으로부터의 출발과 복귀, 이것으로 새로운 '지금', 새로운 '시작'이 시작될 수 있다. 자기 자신과의 관계, 자기 자신으로 돌아옴으로써 주체는 '자기'로서, 자기 자신과 동일한 존재로서 자신을 확인한다. 주체는 어떤 다른 것을 통해서, 다른 것과의 관계에서 '자기'로서 정립하는 것이 아니라 오직 자신과의 관계를 통해서 자기 동일성을 유지한다. 주체는 단순한 존재자가 아니라 자기 자신을 소유하는 존재자다. 주체의 자기 동일성은 내재성, 즉 자기 자신과의 친숙성이다. 자기 동일성은 실체 속에 고정된 것이 아니라 순간마다 자기를 확인할 때 성립되는 역동적 과정이다. 익명적인 순수 존재에 맞서 '순간마다' 자기 자신을 확인하는 행위를 통해 주체는 자기 자신으로 설 수 있다.

주체가 자기 자신에서 시작할 수 있다는 것, 자신을 또다시 새로운 시작의 기점으로 삼을 수 있다는 것은 레비나스에게 인간의 근원적인 자유를 설명하는 실마리가 된다. 레비나스는 이 책 1강 '홀로서기'에서 이렇게 말한다.

> 현재, '나' — 홀로서기는 자유입니다. 존재자는 존재의 주인입니다. 존재자는 그의 존재에 주체의 남성적 힘을 행사합니다. 그는 자신의 힘으로 어떤 것을 소유합니다.
>
> 최초의 자유는 아직 자유로운 선택의 자유가 아니라 시작의 자유입

니다. 이제 어떤 것에서 출발함으로 실존이 있습니다. 모든 주체 속에 담긴 자유, 주체가 있고 존재자가 있다는 사실 속에 담긴 자유. 이 자유는 존재에 대한 존재자의 지배의 자유입니다.

근원적인 자유는 칸트가 이해한 실천적 자유처럼 외적 제한과 제약으로부터의 독립성 또는 스스로 자신의 행위 법칙을 설정하는 자율성으로서의 자유가 아니다. 그것은, 이것 혹은 저것을 선택하기 이전에, 자신을 정립하고, 자신으로서 시작할 수 있는 자유다. 오히려 《순수이성비판》에서 자신으로부터 어떤 상태를 시작할 수 있는 능력이라고 칸트가 정의한 '초월적 자유' 개념에 가깝다. 레비나스가 말하는 자유는 존재의 익명성 속에 함몰되지 않고, 자신의 존재를 시작하고 유지할 수 있는 자유다.

존재의 무거움과 초월의 욕망

그런데 주체의 자유는 절대적이지 않다. 익명적인 존재를 자신의 존재로 수용함은 한편으로는 존재의 정복이자 다른 한편으로는 존재의 '무게'를 자신의 어깨에 걸머짐을 뜻한다. 존재의 익명성이 안겨주는 공포감을 벗어나, 스스로 자신의 존재를 지탱하는 주체로 설 때, 주체는 자신에 대해 책임을 '갖는다'. 이처럼 존재에 관해 갖는 무거움이란 바로 존재를 자기 것으로 '소유'하는 데서 온다. 주체의 자유는 그러므로 역설적이다. 이 책 1강 '고독과 물질성'에서 레비나스는 이와 관련해서 다음과 같이 쓰고 있다.

> 하지만 존재에 대한 주체의 이러한 지배, 존재자의 이러한 주권에는 변증법적 전환이 일어납니다.
>
> 존재는 자신과 동일한 존재자, 곧 홀로 있는 존재자에게 지배받습니다. 하지만 동일성은 자기로부터의 출발에 그치지 않습니다. 동일성은 또한 자기로의 귀환입니다. 현재란 자신에게 돌아올 수밖에 없다는 사실에 존립합니다. 자신을 벗어날 수 없다는 사실은 존재자의 [존재자로서의] 자리 잡기로 치른 대가입니다. 존재자는 자신에게 몰두합니다. 이렇게 자신에게 몰두하고 동시에 그것에 점유당하는 s'occuper de soi 방식이 곧 주체의 물질성입니다. 동일성은 자신과의 무해한 관계가 아니라 자신에게 얽매임un enchaînement à soi입니다. 자기에게 얽매임은 자신에게 몰두하기 위해 어쩔 수 없는 일입니다. 시작은 자기 자신에게 짓눌립니다.

주체의 출현은 한편으로는 익명적인 '존재 사건'으로부터의 해방이면서 다른 한편으로는 자기 자신의 존재를 짊어지는 힘겨운 사건이다. 주체의 등장과 함께 '세계'가 등장한다. 주체는 여기, 지금 자신을 구성함으로써 비로소 하이데거적인 '세계 안의 존재'가 된다. '세계 안의 존재'는 익명적 존재 사건으로부터 홀로서는 존재자의 출현을 전제한다. 홀로서는 존재자는 '지금', '여기'에 신체적으로 자신을 구성함으로써 존재에 자신을 내맡기지 않고 오히려 존재를 자신의 것으로 소유한다. 존재는 이제 '나의 존재'가 되고 '존재 가짐'은 주체의 물질성과 분리되지 않는다.

레비나스가 주체의 자유를 물질성과 관련짓는 까닭이 무엇인가? 주체의 물질성은 예컨대 음식과 의복, 주거에 대한 일상적 욕구다. 의식주에 대한 일상적 욕구는 인간의 타락이 아니라, 끊임없이 위협하는 외부 세계로부터 자신의 존재를 유지하려는, 홀로선 주체의 존재하려는 노력의 표현이고, 존재가 지워주는 무게로부터 구원의 바람을 표현하는 방식이다. 여기서 '세계'가 성립된다. 이와 관련해 레비나스는 이 책 2강 '세계를 통한 구원: 먹을거리들'에서 이렇게 말한다.

> 일상적 삶 속에서, 세계 안에서, 주체가 지닌 물질적 구조는 어느 정도는 [이미] 극복되어 있습니다. 자아와 자기 사이에는 '간격intervalle'이 나타납니다. 동일한 주체는 자신에게로 곧장 돌아가지 않습니다.

존재의 무거움, 주체가 자신에 매여 있어야 하는 비극, '홀로서기'의 무게를 지탱해야 하는 괴로움에서 벗어날 수 있는 공간을 레비나스는 세계라고 부른다. 세계는 물질적 욕구를 채워줄 양식을 제공한다. 레비나스는 세계를 (하이데거와 달리) 도구의 총체로 보지 않는다. 세계는 도구적 연관성의 총체이기 이전에 신체적 존재의 물질적 기반인 '먹을거리의 총체'이다. 세계 안에서 인간의 삶은 세계 안에 가득 찬 대상을 먹을거리로 섭취하는 것에 제한을 받는다. 《전체성과 무한》의 표현을 빌리면 우리는 좋은 음식, 공기, 햇빛, 경치, 노동, 이념, 잠과 같은 것들로 살고 있다. 세계 안의 삶은 '무엇으로 사는 것vivre de …'이고, 그 '무엇'과의 관계는 '향유'로 표현된다. 향유는 하나의 존재 방식이다. 지식, 과학, 노동, 소유 이 모든 것을 레비나스는 결국 향유로 이해한다.

하지만 향유를 통해서도 주체는 존재의 틀을 벗어나지 못한다. 향유는 주체를 존재에서 벗어나게 해주는 것이 아니라 오히려 존재 가짐, 존재 소유를 더 강화해준다. 향유를 통해 주체는 자신의 주체성, 자신의 자기성을 견고하게 만든다.

그러면 존재의 틀, 존재의 전체성에서 벗어날 길을 어디서 찾는가? 나의 존재의 자리에, 나와 다른 것이 들어설 공간이 있는가? 있다면 그것이 어떻게 열리는가? 그 가능성을 통상 우리는 지식에서 찾는다. 사물에 대한 인식과 그로 인해 얻은 지식은 사물과 나 사이에 거리를 만들고, 나는 사물을 알게 될 때 내가 아닌 것, 나와 다른 것을 경험한다. 여기서 주, 객의 분리가 성립한다. 그런데 레비나스는 우리의 지적 작업을 통해 존재의 전체성이 초월될 가능성이 없음을 힘주어 말한다. 무엇 때문일까?

레비나스의 설명을 따르면 나와 다른 것은 결국 나를 통해 인식된다. 사물을 비추고, 사물을 드러내는 빛, 이른바 '이성의 빛'은 나에게서 나가는 빛일 뿐 나와 다른 것에서 오는 빛이 아니다. 지식에는 물론 환원할 수 없는 낯선 요소가 개입된다. 하지만 지식을 가능케 하는 빛의 초월성은 주체의 내재성을 통해 드러난다. 그러므로 빛의 외재성은 갇혀 있는 자아를 자신으로부터 해방시키기에 충분하지 않다고 레비나스는 말한다. 지식은 물질성에 사로잡힌 주체를, 물질성과 거리를 두게 해주지만 그것으로부터 완전히 해방시켜주지 못한다. 이성적 인식은 주체의 고독을 완벽하게 성취하고 주체를 모든 것의 유일한 기준으로 만든다. 유아론은 궤변이나 일탈이 아니라 이성의 본질적 구조라고 레비나스는 말한다. 후설이 말하는 의식의 지향성은 자아와 사물의 구별을 가능케 하지만 사물존재의 의미를 자아로 귀속시키고 있는 점에서 유아론을 결코 극복하지 못했다고 레비나스는 생각한다. 지식은 《전체성과 무한》의 표현을 빌려 말하자면 전체성의 틀을 스스로 깨뜨릴 수 없다. 그러면 존재의 무거움으로부터의 해방, '존재 저편으로' '존재와 다른' 차원으로 초월이 어떻게 가능한가?

'존재 너머로'의 초월, 타자의 출현

지금까지 존재 '이편'에서 일어나는 '존재론적 모험'을 기술했다. 모험은 익명적 존재, 이름 붙일 수 없는 존재 사건에서 주체가 출현함으로 시작한다. 주체는 자신에서 출발하여 다시 자신에게 돌아옴을 통해 존재를 지배한다. 그러나 익명적 존재로부터 존재자의 해방은 '홀로서기'라는 대가를 치른다. 주체는 자기 동일성을 획득

하면서 어쩔 수 없이 '자기'에게 얽매인다. 자기에게 얽매임을 레비나스는 '주체의 물질성'이란 말로 표현한다. 홀로선 주체는 자신의 존재를 스스로 짊어질 수밖에 없다. 주체는 세계와의 관계, 곧 '향유'를 통해 자신과 거리를 둘 수 있고 세계를 인식과 노동의 대상으로 삼을 수 있다. '향유'는 주체에게 자신과 거리를 두고 자신을 잊게 해준다. 하지만 향유는 자기성의 테두리 안에서 일어나는 행위이기 때문에 주체는 향유로는 자신이 지고 있는 존재의 무거움에서 벗어나지 못한다. 영양 섭취와 노동, 지식, 과학 등 인간이 세계를 향유하는 방식은 레비나스를 따르면 '순간적인 초월'에 지나지 않는다. 주체는 여전히 존재 이편에 갇혀 있다.

　　레비나스의 관심은 존재 저편으로의 초월을 그려내는 일이다. 그리고 존재 저편이 지금, 여기에 삶의 길을 열어주게 하는 것이다. 하지만 방법론의 난점이 없지 않다. 세계 안에서의 주체의 모험은 세계 안에 주체가 존재하는 방식을 그려내면 된다. 자신과의 관계, 사물과의 관계, 같이 존재하는 타인과의 관계는 경험 세계 안에서 현상학적 기술의 대상이 될 수 있다. 그러나 경험을 뛰어넘는 차원, 말로 언표할 수 없는 현실, 존재를 뛰어넘는 사태는 어떻게 접근할 수 있는가? 현상학에서는 경험 안에서 가능하다. 따라서 존재 너머의 차원을 현상학으로 그려낼 수가 없다. 그런데 레비나스는 현상학을 포기하지 않는다. 경험을 통해, 존재와 다른 것, 존재 저편에 있는 타자가 존재의 옹벽에 틈을 내고 그 틈바구니 사이로 들어오는 사건을 드러내는 순간을 포착해보고자 시도한다. 무엇이 그와 같은 현상을 보여주는 경험인가? 어디에서 현상 너머, 현상으로 드러낼 수 없는 삶의 차원을 드러낼 수 있는가? 레비나스는 그것을 고통과 죽음, 나아가 에로스의 경험에서 찾는다.

고통과 죽음: 타자의 경험

레비나스는 무엇보다 신체적 고통에 주목한다. 도덕적인 고통의 경우, 고통받는 순간에도 존엄성을 유지하고 자신을 지킬 수 있는 자유가 우리에게 있다. 그러나 극심한 신체적 고통의 경우는 사정이 다르다. 고통이 그토록 고통스러운 것은 고통의 순간을 벗어날 가능성이 없기 때문이다. 고통을 벗어날 수 있는 가능성, 자신이 주도권을 가질 자유가 고통의 순간에 결여되어 있음이 고통 자체의 내용이다. 고통 속에는 피난처가 없다. 고통은 나의 '존재 가짐'을 완전히 앗아간다. 고통 속에서 나는 삶과 존재에 완전히 나 자신을 내맡길 뿐이다. 레비나스는 이런 의미에서 고통을 '무의 불가능성'이라고 묘사한다. 존재의 매임에서 벗어날 출구가 없는 것이 곧 고통이라고 본다.

레비나스는 고통의 경험을 죽음과 관련짓는다. "고통 가운데는 불가능한 무에 대한 호소와 더불어 죽음과의 가까움이 동시에 존재"(88쪽)한다. 고통에는, 고통이 결국 죽음으로 끝나리라는 느낌뿐만 아니라 고통 자체 속에, 몸을 숨길 피난처가 없는데도, 고통을 넘어서는 또 다른 공간, 또 다른 사건이 도사리고 있음을 우리는 감지한다. 또 다른 것, 우리가 알 수 없는 것, 이성의 빛으로 그 정체를 알아낼 수 없는 것은 다름 아니라 죽음이다. 우리는 우리 자신에게서 유래하지 않은 죽음에 직면해 있다. 죽음은 그 정체를 우리에게 알려주지 않는다. 의식의 지향성은 죽음에 직면해서 효력을 상실한다. 죽음과의 관계는 우리에게는 이렇게 하나의 신비다.

죽음을 알 수 없는 것, 나에게서 유래하지 않은 것, 하나의 신비로 묘사함으로써 레비나스는 익명적 존재 사건에서 존재를 자신의 존재로 소유하는 주체의 능동성이 완전히 수동성으로 전환됨을 보여준다. 고통 속에서 죽음과 갖는 관계는 수동성의 경험이다. 이 경험은 엄밀한 의미에서 경험이 아님을 레비나스는 잊지 않는다. 왜냐하면 경험이란 인식, 빛, 주도권을 뜻하기 때문이다. 경험 속에서 수동성은 항상 다시 능동성으로 전환되고, 주체는 경험의 주인이 될 수 있다. 그러나 죽음과 직면해서 주체는 자신이 더는 주체가 아님을, 존재의 주인이 아님을 경험한다. 죽음은 이런 의미에서 '모든 가능성의 불가능성'의 체험이다.

죽음에 대한 레비나스의 묘사는 하이데거의 관점과 전혀 다르다. 현존재의 존재 방식을 '죽음으로 향한 존재'로 볼 때 하이데거가 염두에 둔 것은 주체의 자유다. 현존재는 자신이 죽음에 이르는 존재라는 의식을 통해 자신의 존재를 소유하고 미래를 기획할 수 있다. 죽음은 현존재에게 모든 다른 가능성을 가능케 하는 최고의 가능성, 모든 '불가능성의 가능성'을 뜻한다. 죽음은 그러므로 하이데거 철학에서는 자유의 사건이다. 죽음은 '세계 안의 존재'가 세계 안에서 존재 소유를 위해 할 수 있는 모험의 원동력이다. 미래에 다가올 죽음을 보고 현존재는 자신의 주도권을 주장할 수 있다. 하이데거의 이와 같은 생각을 레비나스는 정면으로 거부한다. 죽음은 '절대로 알 수 없는 것'이고 어떠한 가능성도 불가능하게 만드는 사건이다. 죽음은 주체의 주도권을 완전히 벗어나 있다.

레비나스는 그러나 하이데거와 마찬가지로 죽음을 미래와 관계 있는 것으로 본다. 죽음은 현재 사건이 아니다. 죽음은 나에게 다가오는 것, 내가 이해할 수 없는 것, 내 손에 거머쥘 수 없는 것이고 주체의 힘과 영웅적 용기가 끝나는 지점이다. 만일 죽음이 현재라면 나는 죽음을 지배할 수 있다. 현재는 내가 주인이란 뜻이다. 나는 현재 시점에서 힘을 발휘할 수 있다. 그러나 고통과 죽음과 관련해서 나는 그와 같은 능동적 힘을 상실한다. 죽음은 이런 의미에서 현재가 아니다. 죽음에 대해서는 내가 주도권을 가질 수 없다. 따라서 죽음은 나에게 내가 지배할 수 없는 미래와 관계하도록 길을 터준다. '존재론적 모험'에서 이 순간은 대단히 중요하다. 레비나스는 이 책 3강 '사건과 타자'에서 다음과 같이 쓰고 있다.

죽음은 주체의 남성다운 힘의 한계가 됩니다. 익명적 존재 한가운데 '홀로서기'를 통해 가능했던, 빛 가운데서 현재의 현상으로 자신을 드러냈던 남성다운 힘이 한계에 부딪히는 현상이 죽음입니다. (…) 죽음에 접근할 때 중요한 것은 우리가 특정한 순간부터 할 수 있음을 더는 할 수 없다 nous ne pouvons plus pouvoir는 점입니다. 바로 여기에서 주체는 주체로서 자신의 지배를 상실합니다. (…) 죽음, 그것은 계획을 세울 수 없음입니다. 이러한 죽음의 접근을 통해 우리가 절대적으로 다른 것absolument autre과 관계를 맺고 있다는 사실을 알 수 있습니다. 이 다른 것他者이 짊어지고 있는 타자성은 향유를 통해 우리 자신의 것으로 동화시킬 수 있는 잠정적 규정으로서의 타자성이 아니라 존재 자체가 곧 타자성인 의미에서의 타자성입니다. 그러므로 나의 고독은 죽음을 통해 굳어지는 것이 아니라 오히려 죽음을 통해서 깨어집니다.

고통과 죽음의 현상에 레비나스가 관심을 둔 이유가 이제 분명해졌다. 그의 관심은 실존철학자들의 그것과 구별된다. 실존철학자들이 고통과 죽음의 무의미에 관심을 두고 있다면 레비나스는 존재론적 모험의 구조를 해명하는 일에 관심을 두고 있다. 죽음은 '절대 타자', 나와는 '전적으로 다른 것'이 있음을 보여주는 존재론적 사건이다. '존재 가짐'을 통해 홀로 선 주체의 고독, 존재의 전체성에는 고통 속에 다가온 죽음을 통해 드디어 틈이 생긴다. 하이데거 철학에서 죽음은 존재를 나의 것으로 수용하고 미래를 향해 존재를 기획할 수 있는 근거였다. 죽음은 나의 고독, 나의 홀로서기를 더욱 견고하게 만든다. 레비나스 철학에서 죽음은 절대 타자, 나와는 전적으로 다른 것을 보여준다. 그것은 주체의 홀로서기에 변화를 가져온다. 죽음은 주체의 고독(홀로서기)을 깨뜨린다. 주체는 자신의 존재에 갇혀 있던 자리에서 전적으로 다른 타자를 만나게 된다. 이로써 미래가 열린다.

고통의 현상과 죽음을 통해 레비나스가 보여주고자 한 것은 존재는 '다원적'이란 사실이다. 이것은 단순히 존재자가 다수라는 뜻은 아니다. 레비나스를 따르면 존재 자체에 다원성이 있다는 것이다. 주체가 짊어진 존재 자체에, 고통 속에 나타나는 존재 자체에 다원성이 스며든다. "죽음을 통해 존재자의 존재는 자신에게서 소외됩니다"(96쪽)라고 레비나스는 말한다. 죽음은 주체가 존재를 가지듯 그렇게 존재를 갖지 않는다. 그러므로 존재에 영향을 미치는 죽음은 신비롭다. 그것은 알려져 있지 않고 또 알 수도 없다. 죽음에는 나와 공유할 수 있는 공통의 존재 기반이 없다. 그것은 나와 교류할 수 있는 다른 자아가 아니다. 전적으로 다른 타자와의 관계는 하나의 '신비'다. 타자의 존재는 나의 내면성과 구별되는 외재성이고 그야말로 타자성이다. 타자와의 관계를 '공감'이나 '감정이입' 또는 '신비로운 연합'으로 볼 수 없다고 레비나스는 강조한다. 왜냐하면 이와 같은 용어들은 여전히 존재 이편, 존재 안에서의 존재자와 존재자의 관계를 표시하기 때문이다.

시간과 타자: 다른 이와의 만남

레비나스에 따르면 죽음을 통한 절대 타자와의 관계는 인간에게 미래를 열어준다. 익명적 존재 사건으로부터 홀로 선 주체의 출현은 여기, 현재 순간에 자기와 관계하고, 순간만을 창조할 뿐, 미래를 갖지 않는다. 홀로서기의 주체는 오직 현재 순간을 자기 것으로 장악하고 자신의 존재를 실현할 뿐이다. 홀로서기에는 오직 현재 순간만 있고 미래가 없다. 이런 의미에서 레비나스는 기대할 수 있고, 계획을 세울 수 있는 미래는 진정한 미래가 아니라고 본다. 왜냐하면 참된 미래는 현재 순간과는 완전히 다르며 전혀 새로운 것이기 때문이다. 미래는 손에 거머쥘 수 없다. 미래는 전혀 예기치 못한 순간에 다가온다는 사실 때문에 공간적 외재성과 전혀 다르다. 베르그송에서 사르트르에 이르기까지 시간에 대한 모든 이론이 시간의 본질적 요소로 인정하는 미래에 대한 예상, 미래의 기획은 기껏해야 현재의 미래일 뿐, 진정한 미래가 아니라고 레비나스는 말한다. 미래는 손에 거머쥘 수 없다. 우리를 덮쳐오고 예기치 못한 순간 우리를 사로잡는 것이 미래다. 손에 거머쥘 수 없고 내가 지배할 수 없다는 의미에서 미래는 나에게 타자다. 미래와의 관계는 타자와의 관계다.

그런데 죽음을 통해 드러나는 미래는 아직 '시간'이 될 수 없다고 레비나스는 지적한다. 왜냐하면 이렇게 알려진 미래는 아직 누구의 미래가 아니며 현재와 아무런 관계가 없기 때문이다. 미래가 시간의 한 요소가 되려면 어떤 방식으로든 현재와 관련되어야한다. 그러나 현재 순간과 내가 알지 못하는 미래 사이에는 하나의 심연이 놓여 있다. 나는 죽음에서 전적으로 다른 타자만을 직면할 수 있을 뿐이다. 미래와 현재가 연결될 수 있는 가능성을 레비나스는 타자의 얼굴과의 만남에서 찾는다. 얼굴과 얼굴로 대면하는 타자는 나와 대화를 나눌 수 있는 인격적 타자, 곧 타인이다. 레비나스는 이 책 3강 '시간과 타인'에서 이렇게 말한다.

> 미래와의 관계, 현재 속에서의 미래의 현존은 타자와 대면한 [얼굴과 얼굴을 마주한] 상황에서 비로소 실현되는 것처럼 보입니다. 얼굴과 얼굴을 마주한 상황은 진정한 시간의 실현입니다. 현재가 미래로 향해 발을 내딛는 일은 홀로 있는 주체에서 일어나는 일이 아니라 상호 주관적인 관계입니다. 시간은 인간들 사이의 관계 속에서 또는 역사 속에서 가능합니다.

시간의 가능성을 타인과의 인격적, 사회적 관계로 보는 관점은 매우 낯설게 보인다. 나와 관계하는 타인은 미래뿐만 아니라 그 자신도 과거를 지닌 존재인데 어떻게 미래를 가능케 하는 조건일 수 있는가? 이 물음에 레비나스는 미래를 통해서 타자를 정의하기보다 오히려 타자(죽음의 엄습과 인격적인 타인의 존재)를 통해서 미래를 정의하는 것이 자신의 의도라고 밝힌다. 레비나스의 타자 개념에서 특이한 것은, 타자를 단지 (아리스토텔레스와 그를 이은 키케로가 '친구'를 일컬을 때 사용한 개념인) '다른 자아'로 보지 않는다는 점이다. 타자는 나의 공감과 연민, 감정이입의 대상이 아니다. 내가 너에게 타자가 되고, 네가 나에게 타자가 되어주는 그와 같은 상호적인 관계에는 진정한 의미의 타자가 존재하지 않는다. 이러한 타자는 단지 항項을 서로 대치한 형식적 의미의 타자에 지나지 않는다. 하이데거의 '서로 함께 있음Miteinandersein'은 그러므로 진정한 타자 개념을 제공하지 않는다. 왜냐하면 그것은 단지 집단성만을 표시해주기 때문이다. 레비나스가 말하는 타인은 성격과 외모, 심리와 상관없이 단지 나와 다르고, 내가 아니라는 사실만으로 수용하고 인정하는 타자다. 타인은 나와 대칭적 관계, 나와 대등하게 맞설 수 있는 사람이 아니라 내가 전혀 예기치 못하고 전혀 나의 틀 속에 집어넣을 수 없는 사람이다. 레비나스는 이러한 의미의 타인을 "약한 사람, 가난한 사람, '과부와 고아'"(116쪽)라고 부른다.

타자성과 여성성

레비나스는 존재의 전체성이 깨어질 수 있는 예로 고통과 죽음과 더불어 에로스의 경험을 들고 있다. 전적으로 다른 것, 타자의 타자성, 그리고 나 자신의 존재를 유지하면서 타자가 존재 사건 속에 개입될 수 있는 가능성을 여성적인 것과의 관계, 곧 성애를 통해 발견할 수 있다고 생각한다. 서양에서는 성적 관계를 남녀가 하나 되는 일로 보는 생각이 오랫동안 통용되었다. 이 생각을 따르면 성 행위는 잃어버린 반쪽을 찾는 행위이며 진정한 합일을 맛보는 경험이다. 그러나 레비나스는 성행위를 합일과 혼융 또는 용해 관계라

보지 않고 전적으로 다른 타자와의 만남이고 나로 환원할 수 없는 타자의 타자성을 체험하는 장소라고 본다. 타자성은 성관계를 통해 소멸되기는커녕 더 인정되고 유지된다. 성교의 감동은 서로 다른 타인이 가까이, 함께 있다는 사실에 있다. 여기서 타인은 나의 부분이나 대상이 될 수 없다. 성관계에서 만나는 타인은 내가 손에 거머쥘 수 없는 신비 속에 있다.

'여성성'이란 개념에는 신비로운 것, 알 수 없는 것만이 아니라 어떤 '빛'도 그 안으로 침투할 수 없다는 생각도 담겨 있다. 여성적인 것은 빛이 미치지 못하는 곳에 존재한다. 우리는 공간적으로 밖에 있는 사물들을 어떤 방식으로든지 파악하고 이해할 수 있다. 거기에는 빛이 침투한다. 하지만 여성적인 것에는 빛이 침투해 들어갈 수 없다. 왜냐하면 여성적인 것의 존재 방식 자체가 스스로 자신을 숨기기 때문이다. 숨는 가운데는 수줍음이 있다. 여성적인 것의 타자성은, 여성이 나와 구별되는 존재로, 나 밖의 나와 다른 존재로, 나와 다른 공간을 차지하고 있다는 사실에 근거하지 않는다. 그것은 하나의 신비로, 수줍음으로 나와 전적으로 다르다는 사실에 근거한다. 여성적인 것과의 관계, 에로스를 통해 경험하는 타자는 이런 의미에서 타자의 타자성을 만나는 원초적 경험으로 체험된다. 이 에로스의 경험, 성애의 경험에는 이론적 인식이나 투쟁이 개입하지 않는다. 고통과 죽음의 가까움을 통해 열린 타자의 공간은 이제 에로스를 통해 인격적 타자, 전적인 타자로서의 타인을 만날 수 있는 공간으로 확대된다. 에로스를 통한 타자와의 만남은 어떤 매개자나 지위나 이해관계로 맺어지는 관계가 아니다. 타인은 여기서 소유되거나 지배될 수 없다. 철학자들 가운데 에로스를 '실패échec'로 보는 경우가 종종 있으나 이는 에로스를 지배와 소유 관계로 보기 때문에 생긴 오해일 뿐이다. 만일 성적 관계를 지배하고 소유하는 관계로 만들고자 한다면 당연히 그곳에는 실패가 따를 수밖에 없다. 왜냐하면 소유와 지배 대상이 되는 타자는 더는 나에게 시간을 가능케 해주는 타자가 아니기 때문이다.

　　여기에서 물음이 생긴다. 미래가 타자와의 만남을 통해 어떻게 현재와 관계하는가? 레비나스는 특이하게도 애무 행위를 통해 이것을 설명한다. 애무를 상대를 접촉하는 가운데 상대가 아닌 또 다른 하나의 타자를 접촉하는 행위라고 보는 것이다. 따스한 살갗의 접촉에는 단지 살갗뿐만 아니라 무엇인가 알지 못하는 것이 함께 접촉된다. 뭔가를 알지 못한다는 것이 애무의 본질이다. 애무는 손에 잡을 수 없는, 계속 내 손을 벗어나는 그 무엇과의 놀이이고, 이 놀이에는 특정한 계획과 목적이 결여되어 있다. 나와 너, 또는 우리라고 부를 수 없는 '어떤 다른 것', 내 힘으로 어떻게 할 수 없는 이름 모를 '어떤 것'과의 접촉이 여기서 발생한다. 애무는 이런 의미에서 '순수한, 내용 없는 미래'에 대한 기대이고 '손에 쥘 수 없는 것'에 대한 굶주림으로 충만해 있다. 성교性交도 이와 같은 관점에서 이해할 수 있다. 레비나스는 "미래 사실에 대한 기다림이 아닌, 성욕의 지향성과 미래 자체의 독특한 지향성을 철학적 분석에서는 언제나 오해했습니다"(123쪽)라고 말하면서 리비도에 관해 그렇게 많은 연구를 한 프로이트조차 그것이 인간의 존재 경제 또는 존재 거주론l'économie de l'être에서 차지한 의미를 제대로 밝히지 못했다고 비판한다.

　　이제 끝으로 이렇게 물어보자. 죽음은 주체의 종말을 뜻하지 않는가? 그리고 너의 타자성 속에서 나를 상실하지 않고 나의 존재를 유지할 수 있는 방법이 있는가? 레비나스는 '아버지란 존재' 또는 '부자 관계'에서 이 물음에 대한 답을 찾는다. 아버지와 아들의 관계를 "전적으로 타인이면서 동시에 나인 '낯선 이'"와의 관계 또는 "나 자신에 대한 나의 관계는 그럼에도 내게 낯선" 관계로 레비나스는 묘사한다. 아들은 마치 내가 쓴 시나 내가 만든 물건처럼 나의 소유가 되는 것이 아니라 "어떤 특정한 방식으로 나는 나의 아이"(126쪽)이다. 매우 낯설게 보이는 이 주장은 무엇을 함축하고 있는가?

　　레비나스는 이 문제를 세 가지로 설명한다. 첫째, 이때 '이다'(있다)라는 동사는 형식논리적인 동일률로 해석해서는 안 된다는 것이다. 파르메니데스나 플라톤의 존재론에서 '이다'(있다)는 '아니다'(없다)를 함축할 수 없다. 여기서 존재는 일원적이다. 레비나스는 이와 반대로 '이다(있다)' 동사는 다원적이라고 본다. 그 속에는 동일성뿐만 아니라 차이성과 다원성, 초월성이 있다. 둘째, 아들은 동시에 내가 아니라고 레비나스는 말한다. 나의 고통, 나의 죽음을 내 아들은 나와 공유할 수 없다. 아이도 하나의 인격체이며 자아이기 때문이다. 셋째, 아들의 타자성은 공감이나 감정이입으로 이해될 수 없다. 레비나스는 이렇게 말한다. "내가 나의 아들로 존재한다는 것은 나의 존재를 통해서지 공감을 통해서가 아닙니다."(126쪽)

여기서 "존재를 통해서"라는 말은 구체적으로는 여성적인 타자와의 애무와 성교를 가리키는 것으로 이해된다. 주체는 애무와 성교를 통해 더듬었던 또 다른 타자와의 만남을 아이의 출산으로 실현한다. 주체는 아버지가 됨으로써 그의 이기주의, 자신에게로의 영원한 회귀에서 해방된다. 주체는 이제 타자와 타자의 미래 속에서 자신의 한계를 초월한다. 주체는 출산으로 자기 자신의 유한성에서 구원받는다. 아이의 출산으로 새로운 미래, 전혀 예상할 수 없는 새로운 가능성이 열리게 된다. 내가 홀로 미래를 체험할 때는 나 자신의 존재 가능성의 테두리를 벗어나지 못하고 나의 테두리 안으로 돌아와 늙고 만다. 그러나 에로스를 통해 감추어진 미래를 찾아내고 이 미래를 아이와의 관계에서 구체적으로 체험한다. 아이를 통해서 과거는 절대성을 잃고 절대적 미래의 차원이 열린다.

타자성의 철학으로

지금까지 우리는 레비나스의 초기 철학이 담겨 있는《존재에서 존재자로》와《시간과 타자》를 통해서 그가 그리는 '존재론적 모험'을 살펴보았다. '존재론적 모험'은 '나'라고 부를 수 있는 신체적 존재자(주체)가 익명적 존재 사건에서 출현하여 타자와의 관계에 들어서는 과정이다. 이것을 레비나스는 '변증법' 또는 '존재의 변증법'이라 부른다. 이 변증법은 앞선 단계와 뒤이어 오는 단계 사이의 단절과 관계를 보여주는 점에서 헤겔의 정신현상학과 유사성을 보이지만, 결코 하나의 체계 속에 수렴되거나 통합되지 않고 오히려 존재의 다원성을 강조하는 점에서 헤겔과는 근본적으로 다르다. 밤의 경험과 불면을 통해 익명적 존재 사건에 접근하는 방식이나 신체적 주체가 '순간'과 '여기'에 자리 잡아 홀로서는 모습을 기술하는 방식, 고통의 현상과 에로스를 기술하는 방식은 레비나스 스스로 현상학적 방법이라고 부른다. 레비나스는 현상학에서 출발한 후설의 관념론과 하이데거의 현존재 분석이 인간의 존재 방식을 묘사하는 데 실패했음을 현상학적 방법을 통해 보여주고자 한다.

레비나스의 초기 철학은 슈테판 슈트라서가 적절하게 표현하듯이 '존재론 비판'이다. 레비나스의 철학적 목표는 존재를 동일성으로 환원하거나 중성적 존재로 봐온 전통적인 서양철학의 존재론을 비판하고 극복하자는 데 있다. 그의 관점에 따르면 동일성의 철학은 존재 속에 타자가 들어올 여지를 마련해주지 않는다. 타자는 기껏해야 나와 동일한 '다른 자아'이거나 나와 함께 존재 세계 속에 살아가는 공동현존재Mitdasein에 불과하다. 그것은 마침내 자아와 타자를 진리, 역사 또는 전체의 이름으로 집단성 속에 가두어버린다. 이런 이유 때문에 레비나스는 뒤르켐처럼 합일이나 통합을 이상적 사회관계로 보는 이론을 비판한다. 성관계를 합일이나 혼융으로 볼 수 없듯이 인간의 사회적 관계도 '나'와 '너'가 '우리' 속에 합일 용해되는 것은 결코 바람직하지 않다. 만일 그렇게 되면 집합 성과 전체성만 있을 뿐 개체로서의 독립된 자아와 타자가 설 자리 가 없다. 그래서 레비나스는 존재 가운데 틈을 내고 그 속에 나로 환 원될 수 없는 타자가 들어설 자리를 마련한다.

레비나스의 철학은 초기부터 '타자의 사유'요, '타자의 철학' 임을 나타내 보인다. 그렇다고 해서 모든 것을 타자를 통해 설명하 는 것은 아니다. 타자를 살려내고 타자와의 인격적, 사회적, 윤리적 관계가 가능한 공간을 마련해주는 것은 레비나스 철학의 중요한 과 제다. 하지만 레비나스는 자아 또는 주체성을 해소하거나 소멸시키 는 것은 강력하게 반대했다. 그가 하이데거의 실존 개념을 비판할 때 주체가 밖에 설 수 있으려면 먼저 안으로의 복귀, 내면성의 구성 이 선제되어야 함을 강조한 데서도 그와 같은 모습을 찾아볼 수 있 다. 내면성을 지닌 주체의 성립 없이는 안과 밖, 내재성과 외재성의 구별이 무의미하며, 초월에 대한 논의도 가능하지 않다는 것이 그 의 생각이다. 성적 관계를 타자와의 관계의 전형으로 든 것도, 주체 는 그 속에서 자신의 자유를 희생하지 않으면서 동시에 유아론의 망령에서 벗어나 타자와의 관계가 가능하다고 보았기 때문이다. 좀 더 자세한 논의는《타인의 얼굴》(강영안, 문학과지성사, 2005)을 참 고하길 바란다.

강영안

시간과 타자

1판 1쇄 발행	1996년 1월 30일
2판 1쇄 발행	2024년 2월 28일
2판 2쇄 발행	2025년 1월 1일

지은이	에마뉘엘 레비나스
옮긴이	강영안 강지하
펴낸곳	(주)문예출판사
펴낸이	전준배

편집	박해민 백수미 이효미
디자인	최혜진
영업·마케팅	하지승
경영관리	강단아 김영순

출판등록	2004.02.11. 제 2013 - 000357호 (1966.12.2. 제 1 - 134호)
주소	04001 서울시 마포구 월드컵북로 21
전화	02 - 393 - 5681
팩스	02 - 393 - 5685
홈페이지	www.moonye.com
블로그	blog.naver.com/imoonye
페이스북	www.facebook.com/moonyepublishing
이메일	infomoonye.com
ISBN	978-89-310-2347-3 03100

잘못 만든 책은 구입하신 서점에서 바꿔드립니다.

❀문예출판사® 상표등록 제 40-0833187호, 제 41-0200044호